D0920931

Décoration intérieure en harmonie avec une vie heureuse

Catalogage avant publication de Bibliothèque et Archives nationales du Québec et Bibliothèque et Archives Canada

Roberts, Karen

Décoration intérieure en harmonie avec une vie heureuse

2e édition

(Collection Croissance personnelle)

Publ. à l'origine dans la coll. : Collection Nouvel âge. c2003.

ISBN 978-2-7640-1785-2

1. Décoration intérieure. 2. Ordre. 3. Décoration intérieure – Aspect psychologique. I. Titre. II. Collection : Collection Croissance personnelle.

NK2110.R62 2011   747   C2011-941522-4

© 2011, Les Éditions Quebecor pour la présente édition
Une compagnie de Quebecor Media
7, chemin Bates
Montréal (Québec) Canada
H2V 4V7

Dépôt légal : 2011
Bibliothèque et Archives nationales du Québec

Pour en savoir davantage sur nos publications, visitez notre site : www.quebecoreditions.com

Éditeur : Jacques Simard
Conception de la couverture : Bernard Langlois
Illustration de la couverture : Corbis

Imprimé au Canada

DISTRIBUTEURS EXCLUSIFS :

• Pour le Canada et les États-Unis :
MESSAGERIES ADP*
2315, rue de la Province
Longueuil, Québec J4G 1G4
Tél. : (450) 640-1237
Télécopieur : (450) 674-6237
* une division du Groupe Sogides inc.,
filiale du Groupe Livre Quebecor Média inc.

• Pour la France et les autres pays :
INTERFORUM editis
Immeuble Paryseine, 3, Allée de la Seine
94854 Ivry CEDEX
Tél. : 33 (0) 4 49 59 11 56/91
Télécopieur : 33 (0) 1 49 59 11 33

Service commande France Métropolitaine
Tél. : 33 (0) 2 38 32 71 00
Télécopieur : 33 (0) 2 38 32 71 28
Internet : www.interforum.fr

Service commandes Export – DOM-TOM
Télécopieur : 33 (0) 2 38 32 78 86
Internet : www.interforum.fr
Courriel : cdes-export@interforum.fr

• Pour la Suisse :
INTERFORUM editis SUISSE
Case postale 69 – CH 1701 Fribourg – Suisse
Tél. : 41 (0) 26 460 80 60
Télécopieur : 41 (0) 26 460 80 68
Internet : www.interforumsuisse.ch
Courriel : office@interforumsuisse.ch

Distributeur : OLF S.A.
ZI. 3, Corminboeuf
Case postale 1061 – CH 1701 Fribourg – Suisse

Commandes : Tél. : 41 (0) 26 467 53 33
Télécopieur : 41 (0) 26 467 54 66
Internet : www.olf.ch
Courriel : information@olf.ch

• Pour la Belgique et le Luxembourg :
INTERFORUM BENELUX S.A.
Fond Jean-Pâques, 6
B-1348 Louvain-La-Neuve
Tél. : 00 32 10 42 03 20
Télécopieur : 00 32 10 41 20 24

Gouvernement du Québec – Programme de crédit d'impôt pour l'édition de livres – Gestion SODEC.

L'Éditeur bénéficie du soutien de la Société de développement des entreprises culturelles du Québec pour son programme d'édition.

Nous reconnaissons l'aide financière du gouvernement du Canada par l'entremise du Fonds du livre du Canada pour nos activités d'édition.

Karen
Roberts

Décoration intérieure en harmonie avec une vie heureuse

Affichez vos couleurs !

2e édition

LES ÉDITIONS
Quebecor
Une compagnie de Quebecor Media

Remerciements

Merci à Flora, Marc, Agathe, Élizabeth, Marie, Roxanne, Hugues, Zippy et Sophia qui ont bien voulu m'ouvrir les portes de leur demeure.

Et un merci tout particulier à ma mère qui m'a appris que l'ordre et les choses bien faites font partie intégrante d'une vie heureuse.

Introduction

Un environnement encombré, désordonné, désorganisé a un pouvoir négatif énorme sur notre vie. Lorsque rien ne va plus dans notre vie, c'est souvent parce que rien ne va dans notre maison.

Lorsque les gens veulent entreprendre un grand ménage intérieur afin d'être mieux dans leur peau, de trouver le bonheur, de changer de vie, je leur conseille fortement de commencer par s'occuper de leur environnement extérieur, de leur demeure. Prendre la décision de faire du ménage dans sa maison, c'est également, sinon plus, prendre la décision de faire du ménage dans sa vie intérieure.

Vous ne pouvez vous imaginer les bienfaits de faire de l'ordre dans sa maison, et ce, sur tout votre être, avant de l'avoir essayé. Dès le moment où vous commencez à faire du ménage chez vous, à trier, à éliminer, à ranger, à nettoyer, vous ressentez une énergie nouvelle vous gagner, vous éprouvez le sentiment réel que vous vous libérez de quelque chose, que vous commencez une nouvelle vie.

Prendre le temps d'observer tous les objets que vous possédez un à un, et prendre une décision quant à leur utilité et à leur signification réelles dans votre vie quotidienne vous aidera à prendre conscience de votre vie en général et à régler bien des problèmes en particulier.

Les objets que nous possédons ne doivent pas nous envahir, ils doivent plutôt nous servir et être là lorsque nous en avons besoin. Plus nous accumulons d'objets, plus nous avons l'impression d'être envahi et de ne plus avoir de contrôle sur notre vie. Choisir de faire de l'ordre dans sa vie, c'est d'abord choisir de faire de l'ordre dans son environnement.

Pourquoi certaines personnes sont-elles incapables d'aménager leur demeure de façon à y être bien? J'ai une amie qui ne décore pas son appartement et n'y investit rien, car elle ne compte pas rester là toute sa vie. Le problème, c'est qu'elle y est depuis plus de deux ans et on dirait qu'elle vient à peine d'aménager. Elle n'est jamais chez elle et se plaint constamment de fatigue et de manque d'énergie. Cette fille-là n'a pas plus besoin de vacances que vous et moi, elle a seulement besoin d'être bien chez elle pour avoir un endroit où se ressourcer, se reposer et puiser toute l'énergie dont elle a besoin. Non seulement son environnement ne lui donne aucune énergie positive, il lui en enlève quotidiennement.

Si vous vous sentez débordé, envahi, désorganisé, ce n'est pas un placard supplémentaire qui réglera votre problème, mais un grand ménage et l'utilisation intelligente et efficace des espaces de rangement que vous possédez déjà.

Il est souvent plus facile de vivre dans un lieu plus ou moins confortable ou qui ne nous ressemble pas que de faire l'effort de le transformer afin qu'il devienne notre chez-nous.

La plupart des gens croient qu'ils n'ont pas le temps de faire de l'ordre dans leur demeure, d'éliminer le fouillis. Ils sont trop occupés et la tâche leur semble insurmontable. Mais le temps qu'il faut prendre pour faire de l'ordre dans sa vie nous est rendu au centuple tout de suite après. Un intérieur organisé a un effet direct et efficace sur notre gestion du temps, nous donne de l'énergie à revendre et nous donne ce qu'il y a de plus précieux: du temps pour soi.

Le manque de moyens financiers n'est pas une raison valable pour ne pas aménager votre intérieur, pour ne pas libérer votre espace de toutes les choses inutiles. Pour commencer, tout ce dont vous avez besoin, c'est de l'eau, du savon, des chiffons, des sacs à ordures, un peu de temps et, surtout, que vous soyez décidé et le moindrement motivé.

Vous habitez seul? Pourquoi? Habitez-vous avec d'autres personnes? Qui prend les décisions quant au fonctionnement de la maison? Comment cela se passe-t-il?

J'habite avec mon conjoint. Aujourd'hui nous sommes seuls, mais il y a quelque temps nous vivions avec quatre adolescents. Disons que c'est moi qui ai le contrôle sur toutes les décisions dans la maison. Mon chum est très heureux d'être exécutant.

Flora, 48 ans, propriétaire d'une maison

J'habite avec ma blonde. Pour ce qui est du ménage, c'est elle. Pour ce qui est de l'aménagement, c'est nous deux.

Marc, 30 ans, locataire d'un 6½

J'ai un charmant colocataire, c'est mon ami de longue date et je l'ai accueilli chez moi à la suite de sa rupture avec sa blonde. Je trouve ça agréable d'avoir de la compagnie et quelqu'un avec qui partager les frais du loyer. Comme c'est mon appartement, que j'y suis restée seule pendant près d'un an, c'est moi qui décide de tout. De toute façon, il n'est pas très porté sur la décoration et le fonctionnement de l'appartement. Cela se passe très bien, car il est très conciliant.

Agathe, 33 ans, locataire d'un 5½

J'habite seule avec ma chatte. J'ai besoin d'être seule pour me ressourcer, pour recharger mes batteries. Si j'avais un chum sérieux qui venait habiter avec moi, il faudrait avoir une discussion sérieuse.

Élizabeth, 44 ans, locataire d'un 6½

J'habite avec mon copain. Les décisions quant au fonctionnement de notre vie commune sont équitables, c'est-à-dire que nous nous sommes entendus il y a bien longtemps sur qui paie quoi relativement aux comptes et à l'épicerie. Le ménage, d'un commun accord, se fait une fois par semaine; il n'y a pas de journées préétablies pour ça. Parfois, c'est moi qui donne un coup dans les tâches ménagères, parfois, c'est lui.

Marie, 24 ans, locataire d'un 4½

J'habite avec deux amies parce que ça coûte trop cher d'être seule en appartement quand on est une pauvre étudiante. Et leur compagnie m'empêche de me sentir seule, c'est très agréable. C'est ma colocataire qui décide principalement d'à peu près tout dans l'appartement. C'est elle qui fait la plupart des choses qui doivent être faites avant même que j'y aie pensé. Elle décide donc de ce qu'on va manger durant la semaine, des petits plats qu'on devrait se faire. L'autre colocataire, elle, s'occupe davantage de la décoration. C'est elle qui a acheté la peinture et les affiches pour les murs, c'est elle qui fait jouer de la musique dans la maison. Moi, je les suis. Je n'ai pas le temps de penser à ces choses-là.

Roxanne, 22 ans, locataire, d'un 8½

Je vis en colocation parce que je ne suis pas encore capable de vivre seul pour l'instant et pour les coûts, évidemment. Quand quelque chose ne va pas avec ma colocataire, j'ai tendance à ne pas le verbaliser sur le moment, ce qui fait que je finis par être très intolérant, mais je me soigne. Je crois que les décisions doivent se prendre à deux, même si j'ai toujours raison!

Hugues, 30 ans, locataire d'un 4½

J'habite seule et j'assume très bien les aléas du fonctionnement de la maison! J'ai décoré pas trop rapidement et c'est pas trop chargé.

Zippy, 33 ans, locataire d'un 3½

J'habite seule avec deux chats. J'aime beaucoup mon appartement, j'y investis beaucoup de temps, d'énergie et d'argent. J'expérimente pour prendre de l'expérience afin de retaper ma maison quand j'en aurai une. Je décide de tout et je fais toujours les choses pour qu'elles me conviennent à moi. Au diable, la visite! Si mes visiteurs ne trouvent pas ça à leur goût, ils n'ont qu'à ne pas regarder!

Sophia, 31 ans, locataire d'un 4½

Le fouillis

Ne sous-estimez jamais les effets du fouillis sur votre vie, qui a le pouvoir de bloquer l'énergie de votre demeure. Sans ce fouillis, cette énergie circulerait librement. Peu importe où vous accumulez votre fouillis, même s'il ne vous saute pas aux yeux tous les jours, cela nuit à votre énergie.

Le fouillis, ce sont les objets utiles et inutiles qui s'accumulent partout dans la maison sans que vous puissiez vous y retrouver. Ce sont toutes ces piles de vêtements que vous ne portez plus, tous ces livres que vous ne consultez jamais, tous ces cadres alignés dans un placard qui n'ont jamais été accrochés à un mur, bref, tout ce qui ne vous sert pas.

Éliminer le fouillis, le superflu de votre demeure libérera une quantité énorme d'énergie que votre corps absorbera. Encore une fois, vous devez décider de le faire. Et pour savoir si vous êtes réellement prêt à le faire, demandez-vous d'abord si vous désirez sincèrement changer votre vie, avoir plus d'énergie, avoir le contrôle sur votre environnement, prendre vos responsabilités et si vous êtes prêt à accueillir de nouvelles choses dans votre vie, bref, à vous *libérer*.

Mais avant toute chose, habillez-vous confortablement, débranchez le téléphone, faites jouer votre musique préférée et ayez sous la main les accessoires suivants:

• aspirateur, balai;

• chiffons;

• produits nettoyants, seau d'eau chaude;

• sac à ordures, boîtes vides;

• calepin de notes et crayon.

C'est tout ce qu'il vous faut, pour le moment, pour traverser les trois étapes de la libération et commencer une nouvelle vie.

Dans votre demeure, êtes-vous le genre de personne à accumuler ou à tout jeter et à ne rien garder?

Je jette au fur et à mesure. Je ne ramasse rien.

Flora, 48 ans, propriétaire d'une maison

À une certaine époque, c'était l'accumulation, mais après deux déménagements, je n'accumule plus!

Marc, 30 ans, locataire d'un 6½

Disons que mon 5½ est assez bien garni et jusqu'à tout récemment, j'y demeurais seule. Je suis une personne qui accumule beaucoup de choses. J'ai encore le billet d'un spectacle que j'ai vu à 17 ans.

Agathe, 33 ans, locataire d'un 5½

Je suis du genre à tout garder. J'ai encore le cadeau que j'avais reçu à ma première communion! De temps en temps, il me prend des rages et je jette plein de trucs au recyclage, mais pas mon petit Jésus en verre.

Élizabeth, 44 ans, locataire d'un 6½

Je garde beaucoup de choses: des lettres, des photos, des petits bibelots, mes notes de cours, bref, toutes les choses qui peuvent me servir plus tard ou qui sont asso-ciées à un souvenir quelconque. Par contre, il m'arrive de faire le grand ménage et d'être impitoyable quand il le faut, comme lorsque j'ai déménagé l'été passé. Je me suis débarrassée de beaucoup de choses auxquelles je m'ac-crochais depuis des années. Et encore, je regrette d'en avoir gardé quelques-unes qui moisissent maintenant au fond de boîtes non déballées.

Marie, 24 ans, locataire d'un 4½

Je garde peu de choses, sauf les vêtements et les souvenirs qui deviennent rapidement des porte-poussières...

Roxanne, 22 ans, locataire d'un 8½

Ça dépend de mon état d'âme. Plus jeune, avant d'emménager dans mon premier appartement, j'avais six trousseaux différents dans le sous-sol de mes parents. Maintenant, je suis plus zen et je me force même à jeter le plus de trucs inutiles possible. Mon rêve ultime est de savoir tout ce qui se trouve dans mes tiroirs. Y compris le troisième tiroir de la cuisine qui cache les menus de restaurants, les élastiques, les jeux de cartes et les vis orphelines.

Hugues, 30 ans, locataire d'un 4½

J'accumule, je garde des souvenirs. Je tente de les ranger le plus possible, de leur trouver un endroit approprié, mais en vain. J'aspire à accumuler le moins possible, éventuellement.

Zippy, locataire d'un 3½

J'ai déjà beaucoup accumulé, maintenant je jette sans aucun remords!

Sophia, 31 ans, locataire d'un 4½

Étape 1 de la libération: le tri

Observez chaque pièce de votre maison et remarquez ce qui a besoin d'être éliminé, rangé et nettoyé. Pensez aussi à tout ce que vous souhaitez faire pour améliorer votre environnement. Ensuite, notez le tout sur papier par ordre de priorité. Comment établir vos priorités? Commencez par les endroits qui vous dérangent le plus dans votre demeure et par les objets qui vous encombrent. Ensuite, allez-y pièce par pièce, coin par coin. Faites-vous un plan de travail détaillé. Plus votre plan de travail sera précis, plus vous travaillerez efficacement et rapidement.

Par la suite, divisez tous les endroits qui doivent être améliorés en petites sections. Prenez une section à la fois, ne tentez pas de faire de l'ordre dans une pièce au complet ou dans toute la maison en une seule fois. Ainsi, la tâche entière ne vous apparaîtra pas aussi gigantesque, mais tout à fait réalisable. Au lieu de vous imposer l'ascension de l'Everest, donnez-vous seulement le mandat de grimper plusieurs monticules, mais un à la fois.

Avant de commencer, servez-vous des boîtes que vous avez réservées pour classer les objets que vous possédez par catégories:

- **À réparer:** les objets brisés, les meubles abîmés, les vêtements à repriser, les appareils électriques défectueux, etc.;

- **À vérifier ou à mettre à jour:** les objets dont les piles doivent être changées, les appareils qui ne sont pas branchés, les paquets pas déballés, etc.;

- **À transformer:** les vêtements à rapetisser ou à agrandir, les tissus pour faire des rideaux, des coussins ou des vêtements, les meubles à décaper ou à peindre, etc.;

- **À jeter:** les plantes séchées, les vêtements trop abîmés pour être réparés, la literie percée, ce qui ne sert pas depuis plus d'un an, les vieilleries gardées dans l'espoir qu'elles prennent de la valeur, les cadeaux reçus que l'on n'aime pas, tout ce qui ne fonctionne pas et qu'on ne veut pas réparer, les choses encombrantes qui ne servent pas, les vieux chaudrons, la vaisselle dépareillée qui ne sert pas, les vases brisés, les équipements de sport inutilisés, le maquillage périmé, les livres qui ne servent plus et, surtout, ce que l'on garde au cas où, etc.;

- **À recycler:** tout ce qui est à jeter mais qui peut être recyclé par le centre de recyclage de votre municipalité;

- **À donner:** tout ce qui est à jeter mais qui ferait le bonheur de vos parents, amis, connaissances ou des organismes de charité de votre municipalité;

- **À garder:** tout ce qui vous sert tous les jours ou occasionnellement, les objets de valeur (financière ou sentimentale), les photos que vous aimez, etc.;

- **À archiver:** les papiers importants, les livres que vous voulez garder mais qui ne vous servent que rarement, les souvenirs d'école (travaux, bulletins, etc.), les objets qu'on n'ose pas jeter mais qui ne servent pas, etc.;

- **À suivre:** les objets pour lesquels vous n'arrivez pas à prendre de décision.

C'est difficile de se départir des objets que nous avons chez soi depuis longtemps, si un jour on en avait besoin! Mais, croyez-moi, on ne se sert que de 20 % de ce que nous possédons; ce que vous jetez aujourd'hui, il y a très peu de chance que vous le regrettiez un jour.

Faites confiance à l'Univers qui vous apportera ce dont vous avez besoin quand ce sera le temps. Plutôt que de vous demander si cet objet va vous servir un jour, demandez-vous plutôt ce que vous apporte cet objet maintenant et quelle est son utilité aujourd'hui.

Quels sont les objets que vous gardez dans votre maison au cas où? Pourquoi les gardez-vous?

Je n'en garde pas.

Flora, 48 ans, propriétaire d'une maison

Ma table de billard, si, tout à coup, j'avais une folle envie de jouer. Des laminés dans le fond d'un garde-robe, mes costumes, des vêtements. Ils pourront sans doute me servir un jour, j'ai un attachement sentimental envers bien des objets qui ne me servent pas vraiment.

Agathe, 33 ans, locataire d'un 5½

Une «Bissel», mais je n'ai pas de tapis. Une planche à repasser du temps où je portais du linge de secrétaire. Maintenant, je lis bien les étiquettes avant d'acheter un vêtement. Un pot plein de vis, de clous pour mes journées de bricolage. Des adaptateurs d'électricité au cas où j'irais en Europe. Un Mac au cas où j'en aurais besoin dans le cadre de mon prochain travail. Des sacs à main parce qu'ils me rappellent ma jeunesse. Plein de maquillage au cas où je voudrais expérimenter.

Élizabeth, 44 ans, locataire d'un 6½

Mes notes de cours, mes livres scolaires ou toute information pertinente, car je me dis qu'un jour peut-être je vais avoir besoin de cette information vitale. Jusqu'à aujourd'hui, ça n'est jamais arrivé, mais on ne sait jamais.

Marie, 24 ans, locataire d'un 4½

Des vêtements, principalement. Je garde de vieux morceaux juste au cas où ça me tenterait de les mettre à un moment donné. Je n'arrive pas à les donner. Je garde aussi tous mes livres d'école et toutes mes notes de cours depuis le primaire. J'ai une espèce d'insécurité par rapport à ces choses-là!

Roxanne, 22 ans, locataire d'un 8½

Non, j'utilise ou je jette, c'est terminé le temps où je conservais un moule à gâteau en forme de «He-Man» ou des magazines Châtelaine *datant de 1983 au cas où…*

Hugues, 30 ans, locataire d'un 4½

Des magazines, des articles découpés dans les journaux, des recettes, au cas où j'en aurais besoin. À un moment donné, je me tanne et je nourris le bac à recyclage!

Zippy, 33 ans, locataire d'un 3½

Des livres surtout, mais de plus en plus, j'essaie de jeter ceux que je n'ai jamais lus et que je ne lirai jamais. Il y a quelques meubles et cadres dont je n'arrive pas à me défaire, si jamais j'en avais besoin. Mais je me donne trois mois pour les utiliser ou je les jette.

Sophia, 31 ans, locataire d'un 4½

Étape 2 de la libération: l'élimination

Lorsque vous décidez d'éliminer le fouillis de votre environnement, faites-le comme si vous alliez déménager. Vous ne voudriez pas apporter avec vous des piles de vieilleries et des boîtes de trucs inutiles? Alors, pourquoi les garderiez-vous maintenant? Libérez votre espace de TOUTES les choses qui ne servent pas. Car jeter les vieilleries libère de l'espace pour en accueillir de nouvelles.

Adoptez une nouvelle philosophie de vie: *si quelque chose de neuf entre dans ma demeure, quelque chose de vieux doit en sortir!*

Jeter les vieilles choses signifie pour tout votre être que vous lâchez prise. Soyez assuré que la vie va vous donner tout ce dont vous avez besoin *quand* vous en aurez besoin. Faites confiance à l'Univers et à vous-même.

Pensez à ce que vous jetez et pourquoi vous le jetez. Quand vous faites ce geste, dites-vous que c'est pour faire de la place à autre chose. Vous n'abandonnez pas l'objet que vous jetez, vous lui donnez une nouvelle vie. Cela facilitera la tâche de vous débarrasser de tout le superflu de votre demeure.

Lorsque vous faites le tri de vos affaires, jetez-les tout de suite dans des sacs à ordures ou dans le bac à recyclage et sortez-les immédiatement de la demeure. Vous serez alors moins tenté d'y fouiller pour récupérer quelque chose.

Pour les objets dont vous voulez vous débarrasser mais qui peuvent encore servir à quelqu'un d'autre, placez-les tout de suite dans des boîtes clairement identifiées (famille, amis, œuvres de charité, bibliothèque du quartier, friperie, etc.), puis dans votre voiture ou tout autre endroit (garage ou balcon) pour qu'on vienne les chercher. Si vous donnez des objets à des œuvres de charité, téléphonez-leur immédiatement pour qu'elles viennent les ramasser. Ainsi, vous aurez moins de chance de revenir sur votre décision.

Pour toutes les choses pour lesquelles vous n'arrivez pas à prendre de décision, déposez-les dans une boîte de rangement, refermez-la avec du ruban adhésif, écrivez précisément sur la boîte tout ce qu'elle contient et rangez-la dans votre placard d'archives. Si vous ne l'avez pas ouverte dans six mois ou dans un an, débarrassez-vous de la boîte, c'est clair que vous n'en avez pas besoin.

Un bon truc pour savoir ce que vous gardez: dites-vous que vous devez quitter votre demeure et que vous n'avez qu'une heure pour réunir tous les objets qui vous sont utiles et dont vous ne pouvez vous passer. Ce sont ces objets-là que vous devez garder; pour les autres, il revient à vous de trancher. Rappelez-vous qu'on ne se sert que de 20 % de ce que nous possédons.

Ne craignez pas de vous sentir démuni ou appauvri après une telle entreprise de débarras; au contraire, plus vous libérez de l'espace chez vous, plus de nouvelles richesses pourront y entrer. Faire de la place dans sa demeure, c'est faire de la place pour du neuf dans sa vie.

Votre garde-robe contient-elle seulement ce que vous portez?

Tout ce qui est dans ma garde-robe, je le porte.

Flora, 48 ans, propriétaire d'une maison

Mes revenus étant tellement bas, il n'y a que du linge que je porte dans ma garde-robe.

Marc, 30 ans, locataire d'un 6½

J'ai beaucoup de linge et de chaussures que je garde et que je ne porte plus; j'ai de la difficulté à me départir de ces trucs. Tout à coup ils reviennent à la mode, et aussi, à cause des souvenirs qui y sont rattachés.

Agathe, 33 ans, locataire d'un 5½

Je me suis débarrassée de bien des vêtements démodés. Malheureusement, il y en a encore que je garde parce qu'ils me rappellent ma folle jeunesse ou que j'espère encore porter un jour. Deux costumes de pluie reçus en cadeau qui pourraient être pratiques en tournage, lors de mauvais temps.

Élizabeth, 44 ans, locataire d'un 6½

Je garde des vêtements et des chaussures que je ne porte plus au cas où il me prendrait l'envie de mettre ce vêtement-là en particulier. Si je n'ai vraiment pas porté ces vêtements dans les deux dernières années, j'essaie alors de m'en débarrasser. Je tente de respecter la règle d'or: si ce n'est pas porté depuis un an, il y a de fortes chances que ça ne sera plus porté dans les mois suivants.

Marie, 24 ans, locataire d'un 4½

Eh bien, je dirais qu'il y a plus de choses que je ne porte pas que de choses que je porte dans ma garde-robe. Je ne peux m'en défaire, c'est de l'insécurité vestimentaire, j'imagine.

Roxanne, 22 ans, locataire d'un 8½

Encore une fois, avec ma nouvelle philosophie, je ne garde plus, je distribue! Je me fais un point d'honneur de donner mes vêtements. Cela me permet d'être toujours prêt à aller magasiner!

Hugues, 30 ans, locataire d'un 4½

Il y a effectivement plein d'accessoires, de sacs à main que je n'utilise pas et de vêtements qui ne me font pro-bablement pas. Pourquoi je les garde? Je ne me suis jamais posé la question et je ne crois pas que j'ai une réponse.

Zippy, 33 ans, locataire d'un 3½

J'ai fait un ménage terrible il n'y a pas longtemps, le lit était plein de vêtements que je ne portais plus. J'en ai donné à des amies, à des œuvres de charité et j'en ai jeté. Le bonheur total! Tout ce qu'il y a dans ma garde-robe maintenant, je le porte!

Sophia, 31 ans, locataire d'un 4½

Les vêtements et les chaussures

Débarrassez-vous des vêtements que vous ne portez pas, qu'ils soient neufs ou qu'ils aient été achetés il y a un an. Vendez-les, donnez-les, jetez-les, recyclez-les, faites-en des coussins, mais éliminez-les de votre penderie!

Lorsque vous achetez des vêtements pour vous réconforter, vous vous retrouvez avec du linge que vous ne porterez jamais. Pourquoi? Parce que l'énergie de manque lorsque vous achetez un vêtement n'est pas une énergie que vous avez tous les jours: celui-ci a été acheté quand vous ressentiez un manque et il ne vous ira pas la très grande majorité du temps!

Jetez tous vos vêtements trop petits ou trop grands que vous gardez au cas où votre poids fluctuerait. Si cela arrivait, offrez-vous alors de nouveaux vêtements à ce moment-là. Cela enverra un message à votre subconscient que vous lâchez prise, que vous vous acceptez comme vous êtes. Vous perdrez probablement du poids ou vous en prendrez (si c'est ce que vous désirez!).

Videz votre placard, éliminez ce qui doit être éliminé, et triez en piles ce que vous gardez, par articles, par saisons, par couleurs, etc. Vous aurez beaucoup plus de facilité à vous retrouver et vous aurez une bonne idée de tout ce que vous possédez, de ce que vous pouvez acheter pour compléter votre garde-robe, mais surtout, de ce que vous ne devez pas acheter parce que vous l'avez déjà.

Procurez-vous des cintres de plastique, identiques de préférence. Les cintres de métal sont bruyants; de plus, ils sont encombrants et peu résistants, et ils abîment les vêtements. Quant aux cintres de bois, ils peuvent tacher certains tissus et sont souvent trop gros; ils sont toutefois pratiques pour les manteaux, les vestons et des vêtements qui doivent garder une forme.

Pour vous aider à ranger tous les vêtements que vous gardez, installez, dans la penderie, une deuxième barre plus bas pour y suspendre jupes, blouses, chemises, vestons, etc. Divisez-la en deux sections; dans la section moins facilement atteignable, suspendez vos vêtements hors saison et gardez à la portée de main ceux que vous portez. Et si vous avez deux penderies, alors utilisez-en une pour les vêtements hors saison.

Faites le même exercice avec vos chaussures et vos bottes. Faites plaisir à une amie qui a la même pointure que vous: donnez-lui les chaussures que vous ne portez pas tout comme les chaussures neuves qui vous font souffrir et que vous gardez au cas où.

Gardez les chaussures que vous portez propres et bien rangées. Des piles de chaussures en désordre empêchent l'énergie de monter en vous et bloquent votre évolution. Il est également pratique de garder les boîtes à chaussures pour les ranger. Identifiez clairement la boîte pour savoir ce qu'il y a dedans et empilez les boîtes dans le bas de votre penderie. Si vous êtes maniaque ou propriétaire d'un appareil photo Polaroid, photographiez chacune de vos paires de chaussures et collez la photo sur la boîte où elles sont rangées. Il existe également des contenants de plastique transparents dans lesquels vous pouvez les ranger. Assurez-vous toutefois qu'elles sont propres et bien cirées, afin que vos chaussures soient prêtes lorsque vous voudrez les porter. Aussi, les supports à chaussures de tissu ou de plastique ne se vendent pas très cher et se placent derrière la porte de la penderie. Il existe en outre de petites étagères peu dispendieuses conçues uniquement pour les chaussures. Le seul inconvénient: elles amassent un peu la poussière. Je préfère, pour ma part, le système des boîtes ou des contenants: c'est plus pratique et plus propre au fond de la penderie.

Est-ce qu'il vous arrive souvent de chercher des choses dans la maison? Pourquoi?

Non. Je sais où sont toutes mes choses.

Flora, 48 ans, propriétaire d'une maison

Oui, mais c'est parce que j'oublie tout…

Marc, 30 ans, locataire d'un 6½

Parfois, je cherche mes comptes à payer que j'ai laissés dans une pile près de mon ordinateur ou dans une autre pile sur le meuble dans l'entrée.

Agathe, 33 ans, locataire d'un 5½

Je cherche des choses que j'ai nouvellement rangées. Cependant, je finis toujours par les retrouver.

Élizabeth, 44 ans, locataire d'un 6½

Parfois. Surtout lorsque j'ai rangé quelque chose tellement bien que je ne sais plus où il est!

Marie, 24 ans, locataire d'un 4½

Non, si c'est le bordel, je me connais dans mon bordel, donc c'est certain que je ne cherche pas trop longtemps.

Roxanne, 22 ans, locataire d'un 8½

Oui, le sens de ma vie, et mon coupe-ongles.

Hugues, 30 ans, locataire d'un 4½

Non, même si c'est à l'envers, par automatisme, je trouve ce que je cherche.

Zippy, 33 ans, locataire d'un 3½

Plus maintenant, je sais où sont toutes mes choses dans l'appartement, à une armoire ou à un tiroir près.

Sophia, 31 ans, locataire 4½

Étape 3 de la libération: le rangement

Toutes les choses qui doivent être rangées ou entreposées pour quelque raison que ce soit doivent être ordonnées dans des boîtes propres, identifiées clairement avec des étiquettes et empilées soigneusement et esthétiquement. Pourquoi? Parce que c'est beau, que l'ordre a un effet positif sur votre vie et que vous méritez bien de savoir tout ce que contient votre demeure.

Tout ce que vous rangez dans votre demeure doit être accessible. Des étagères trop hautes ou le grenier sont des endroits inatteignables; ils peuvent toutefois servir à y entreposer vos archives.

Avant de commencer à ranger, vous devez absolument avoir traversé les étapes du tri et de l'élimination. Puis, posez-vous ces trois questions:

- Quoi avec quoi ranger?

- Comment le ranger?

- Où le ranger?

Tout espace vide et inutilisé dans la demeure est un rangement potentiel: un pan de mur vide, un tiroir, un dessous d'escalier, une pochette de maquillage, une valise, un sac, bref, tout contenant vide qui n'attend qu'à être rempli.

En matière de rangement aujourd'hui, tout est possible. Vous pouvez trouver un rangement adapté spécifiquement à chacun de vos besoins et à votre budget, et si vous ne le trouvez pas, vous pourrez toujours le créer.

Chaque objet qui doit être rangé doit aller dans l'une des catégories suivantes.

Les objets d'utilisation courante

Ce sont les objets dont vous vous servez tous les jours ou toutes les semaines et qui doivent être rangés pour que vous les ayez à la portée de main. Vous pouvez les ranger dans les placards, sur les étagères, dans les tiroirs, sur des crochets, sur des cintres, dans des paniers, etc.

Les objets d'utilisation occasionnelle

Ce sont les objets dont vous vous servez environ tous les mois. Vous pouvez les placer dans les armoires plus hautes, dans un placard moins accessible, dans le haut des placards, au sous-sol, etc. L'important, c'est que ces objets soient accessibles assez facilement et que vous n'ayez pas à devenir contorsionniste pour les atteindre.

Les objets d'utilisation rare

Ce sont les objets qui vous servent une ou deux fois par année, comme une laveuse à tapis. Ceux-ci peuvent être rangés dans le garage, dans le placard d'archives, sous l'escalier, mais encore une fois, ils doivent être accessibles.

L'important, c'est de maximiser les espaces de rangement que vous avez avant d'en acheter d'autres. Une règle à ne jamais oublier: rangez les choses le plus près possible de l'endroit où vous vous en servez. Vous les aurez toujours à la portée de main et vous pourrez les ranger dès que vous en aurez terminé. Cette règle minimise l'accumulation de fouillis.

Lorsque vous rangez, soyez créatif, sortez des sentiers battus si vous le voulez, travaillez avec ce que vous avez. L'essentiel, c'est que vous répondiez à vos propres besoins, à votre environnement et à vos activités.

Laissez-vous traîner des choses?

La plupart du temps, ce sont mes vêtements qui traînent sur le lit.

Flora, 48 ans, propriétaire d'une maison

Moi, je fais le ménage une fois de temps en temps, quand c'est à la traîne partout!

Marc, 30 ans, locataire d'un 6½

Oui. Sur le sol, mes vêtements, sur les meubles, mon courrier et mes clefs, et dans un coin, les trucs que je veux jeter ou donner.

Agathe, 33 ans, locataire d'un 5½

Quand je peins, je range les pots et les outils dans un coin de mon bureau. C'est toujours la première pièce qui écope. Ordinairement, les journaux et les livres sur la table du salon et trop souvent, la vaisselle dans l'évier.

Élizabeth, 44 ans, locataire d'un 6½

Je déteste que des choses traînent. Donc j'essaie, dans la mesure du possible, de ramasser derrière moi. Mais on peut retrouver des trucs sur des meubles, des vêtements non pliés de la veille sur une chaise, des factures et des petits papiers quelconques sur le bureau.

Marie, 24 ans, locataire d'un 4½

Autrefois, j'avais une chaise-sofa dans ma chambre, quelle mauvaise idée! Tout, mais littéralement tout se ramassait sur cette chaise, comme si c'était un débarras. Enfin, je n'ai maintenant plus de chaise pour me permettre de traîner comme ça!

Roxanne, 22 ans, locataire d'un 8½

Je laisse traîner des choses au sol. Mes chaussures sont très dangereuses, car elles se retrouvent toujours là où il faut pour s'enfarger et se casser la gueule. Mais dans les aires communes, je ne suis pas traîneux.

Hugues, 30 ans, locataire d'un 4½

Surtout sur et sous les meubles. Le moins possible au sol, même si ça arrive.

Zippy, 33 ans, locataire d'un 3½

Dans ma chambre, c'est par terre, dans le bureau, j'ai une table qui n'est là que pour cela! Mais je suis assez bien rangée, la plupart du temps.

Sophia, 31 ans, locataire d'un 4½

Comment sont vos placards? Seriez-vous gêné si quelqu'un les ouvrait?

Mes placards sont pleins, mais pas en fouillis. N'importe qui peut venir regarder dedans.

Flora, 48 ans, propriétaire d'une maison

Je serais gêné, pas parce que c'est le fouillis, mais parce que c'est mon fouillis!

Marc, 30 ans, locataire d'un 6½

Mes placards sont propres et bien organisés. Je trouve toujours ce que je cherche, parce que je sais où j'ai rangé mes trucs.

Agathe, 33 ans, locataire d'un 5½

Mes placards sont pas pires. Ils cachent surtout des pots pour mes futures plantes, l'aspirateur, la valise, les sacs à main, etc. J'y retrouve mes trésors même si je les change de place de temps en temps. Je ne serais pas gênée si on les ouvrait.

Élizabeth, 44 ans, locataire d'un 6½

En ce moment, et ce, depuis six mois, mes placards contiennent les boîtes que je n'ai pas encore défaites après mon déménagement et qui contiennent des objets ou des vêtements dont je croyais avoir besoin et qui sont maintenant encombrants. Donc, c'est un peu en désordre. Mais, comme j'ai l'excuse des boîtes non défaites, je n'aurais pas honte si quelqu'un les ouvrait.

Marie, 24 ans, locataire d'un $4\frac{1}{2}$

Gênée, non parce que c'est pas si mal, mais il y a beaucoup de choses. En fait, de tout. J'ai droit à la chambre au placard double, donc il est immense. C'est l'endroit pour cacher toutes les choses dont on ne sait que faire!

Roxanne, 22 ans, locataire d'un $8\frac{1}{2}$

Comme je suis sorti du placard depuis belle lurette, je n'y retourne pas souvent. Dans mon placard, il y a mes vêtements et de belles boîtes bleues où dorment mes souvenirs. C'est généralement assez bien classé, j'essaie de faire attention.

Hugues, 30 ans, locataire d'un $4\frac{1}{2}$

Mes placards ne sont pas hyper bien rangés, mais je sais exactement où trouver ce dont j'ai besoin. Je serais probablement gênée si quelqu'un ouvrait mes placards, mais je ne vois pas pourquoi qui que ce soit irait regarder là!

Zippy, 33 ans, locataire d'un $3\frac{1}{2}$

Aucunement gênée si on fouillait dans mes placards. S'il y a un endroit où j'ai de l'ordre, c'est bien là.

Sophia, 31 ans, locataire d'un $4\frac{1}{2}$

Propreté = bien-être

Chaque année, il s'accumule en moyenne 18 kilos de poussière dans une maison. On n'a donc pas à se demander pourquoi le ménage est à refaire chaque semaine…

La poussière vient surtout de l'extérieur. En plaçant des carpettes et des paillassons à l'intérieur et à l'extérieur de la maison, on minimise la quantité de poussière qui y entre.

Moins vous laissez la poussière s'accumuler dans la maison, moins elle risque de s'étendre partout, voire de se reproduire. Il importe donc de se garder une journée par semaine pour faire le ménage, le lavage, etc. Plus vous le faites régulièrement, moins la tâche est ardue et longue. C'est l'accumulation de poussière, de saleté, de «traîneries», le laisser-aller quoi, qui rend les tâches ménagères si répugnantes pour la plupart des gens. Faites du ménage sans négliger les coins et les recoins, et ne laissez rien en plan. Terminez ce que vous commencez et souvenez-vous que ce que vous ne nettoyez pas maintenant sera encore plus sale la semaine prochaine.

Nettoyez toujours chaque pièce en partant du haut et en finissant par le bas, parce que la poussière que vous n'aurez pas éliminée en haut se déplacera vers le bas. Allez-y pièce par pièce et attribuez un temps raisonnable, ni trop long ni trop court, pour nettoyer et ranger chacune d'elles.

La cuisine et la salle de bains doivent toujours être propres. Ne laissez pas les taches et la poussière s'accumuler. En nettoyant au fur et à mesure, après chaque utilisation du bain ou de la douche, après les repas, etc., votre maison sera propre presque tout le temps.

Chaque chose doit avoir sa place. Toutefois, être ordonné à tout moment peut devenir lourd et bloquer vos énergies, surtout vos énergies créatrices. Ne faites pas du ménage une obsession, voyez-le plutôt comme une tâche utile à votre bien-être. Ne vous empêchez pas de vivre chez vous; gardez seulement à l'esprit qu'il est plus facile de ranger et de nettoyer au fur et à mesure que de laisser le fouillis s'accumuler et de devoir passer des semaines à nettoyer pour rétablir la situation.

Pour bien nettoyer une demeure, armez-vous de bons outils et produits et utilisez une méthode de travail efficace.

Le bac propreté

Le bac propreté est un contenant ou un panier de plastique que vous gardez sous l'évier et qui contient tous les produits dont vous avez besoin pour nettoyer efficacement. Quand vient le temps de faire du ménage, vous n'avez qu'à le sortir et à vous mettre au travail. Ce truc est simple, pratique et peu coûteux, compte tenu de son efficacité, et il vous permet d'avoir à la portée de main — et en ordre — tout ce dont vous avez besoin pour garder votre maison propre.

Personnellement, je possède plus qu'un bac propreté; j'en ai un pour la cuisine et les planchers, un pour la salle de bains et un autre, enfin, pour l'époussetage, les vitres et les miroirs. Gardez également près de vous un calepin et un crayon pour noter ce qui vous manque. Tous ces bacs sont très pratiques, mais si vous ne devez en posséder qu'un seul, le bac propreté de base est indispensable.

Bac propreté de base

- Gants de latex;
- Éponges;
- Tampons à récurer;
- Essuie-tout;
- Chiffons;
- Laines d'acier;
- Brosses à récurer;
- Papier journal;
- Balai, plumeau, brosse d'époussetage, vadrouille pour les planchers de bois, vadrouille pour la cuisine et la salle de bains, aspirateur;
- Vinaigre;
- Nettoyant en vaporisateur;
- Nettoyant à plancher;
- Eau de Javel;
- Nettoyant à vitres (et pour le chrome);
- Crème à récurer;

- Alcool;
- Huile minérale, huile de citron ou poli à meuble.

Chacun de ces articles a une utilité propre. N'utilisez chaque outil que pour la tâche qui lui est destinée: un plumeau pour la poussière; une brosse à récurer pour la salle de bains; une autre brosse à récurer pour la cuisine; le balai d'intérieur pour l'intérieur seulement; le balai d'extérieur pour l'extérieur seulement, etc. Les chiffons dont vous vous servez pour nettoyer la cuisine ne doivent pas être les mêmes que ceux que vous utilisez pour épousseter les meubles du salon ou pour nettoyer votre ordinateur. Plus que tous les autres outils, ceux utilisés pour nettoyer la salle de bains ne doivent servir qu'à la salle de bains, question d'hygiène évidemment.

Cela semble un peu maniaque, mais croyez-moi, en utilisant un outil spécifique uniquement pour la tâche qui lui est destinée prolongera sa vie et votre ménage n'en sera que plus facile et efficace. Le temps que vous passez à nettoyer sera beaucoup moins long (parce que vous ne chercherez plus), vous aurez tout à la portée de main au moment où vous en aurez besoin et, surtout, vous aurez les bons outils et produits pour chaque tâche.

Bac propreté de la cuisine et des planchers

- Nettoyant désinfectant en poudre;
- Nettoyant vaporisateur;
- Nettoyant pour le four;
- Nettoyant pour les surfaces chromées;
- Nettoyant à plancher;
- Vinaigre;
- Eau de Javel.

La cuisine

Le réfrigérateur peut être nettoyé avec de l'eau chaude et un bon nettoyant antibactérien. Faites le ménage de votre frigo avant d'aller au marché; moins il est rempli, mieux c'est. Une fois que cela sera fait (dedans comme dehors), faites l'entretien. Jetez les aliments dès qu'ils sont périmés, n'attendez pas l'apparition des mauvaises odeurs ou d'une nouvelle vie pour vérifier la fraîcheur de la nourriture. Nettoyez les dégâts dès qu'ils surviennent et nettoyez-le chaque semaine en passant un linge à l'intérieur. Aussi, placez une boîte de bicarbonate de sodium dans le réfrigérateur pour absorber les odeurs. Changez-la tous les deux mois environ. Ne vous servez pas de cette boîte de bicarbonate pour faire la cuisine, mais uniquement pour rafraîchir le réfrigérateur.

L'intérieur de votre four devrait être nettoyé tous les mois environ, ou selon l'utilisation que vous en faites. Quelques feuilles de papier d'aluminium au fond du four pourront récupérer les débordements et être changées au besoin. Lorsque vous cuisinez et que ça éclabousse, nettoyez le tout immédiatement.

Nettoyez votre four à micro-ondes après chaque utilisation. Un peu de vinaigre chaud fait partir les taches facilement et neutralise les odeurs.

L'entretien quotidien de votre cuisine — faire la vaisselle, remplir le lave-vaisselle après chaque repas, vider le lave-vaisselle dès qu'il a terminé sa tâche, nettoyer la table, les comptoirs et l'évier après chaque utilisation, éliminer les taches et les dégâts dès qu'ils surviennent — vous épargnera temps et énergie et rendra la préparation des repas beaucoup plus facile.

Un petit truc en passant: pour déboucher les éviers, mettez du vinaigre et du bicarbonate de sodium dans l'évier et laissez reposer environ une heure. Faites ensuite couler l'eau chaude et l'évier devrait se déboucher. Vous pouvez répéter une seconde fois, mais si ça ne fonctionne pas, faites appel aux méthodes chimiques ou à un professionnel.

Pour éviter l'accumulation de poussière et de graisse sur le haut des armoires, déposez-y des feuilles d'essuie-tout ou de papier ciré qui absorbent la saleté; vous n'avez qu'à les changer au besoin.

Les planchers

- Les traces de chaussures sur le plancher disparaissent bien avec un dissolvant pour vernis à ongles.

- 125 ml d'ammoniaque pour 4 litres d'eau chaude est ce qu'il y a de mieux et de plus écologique pour nettoyer les planchers de tuiles.

- Du vinaigre dans de l'eau chaude nettoie efficacement les planchers de bois sans les abîmer. Un bon nettoyant à plancher du commerce est idéal pour les planchers de vinyle ou pour faire disparaître les taches tenaces.

Bac propreté de la salle de bains

- Éponges pour le bain et le lavabo;
- Éponge et brosse pour les toilettes;
- Éponge ou vadrouille pour le plancher;
- Vinaigre blanc;
- Crème à récurer antibactérienne;
- Eau de Javel;
- Bicarbonate de sodium;
- Chiffons pour le chrome et les miroirs;
- Papier journal pour les miroirs.

La salle de bains est souvent la pièce de la demeure que l'on néglige le plus souvent. Il est vrai que ce n'est pas la tâche de nettoyage la plus plaisante, mais elle est certes des plus essentielles, ne serait-ce que pour l'hygiène et une bonne qualité de vie. Nettoyer la salle de bains une ou deux fois par semaine ainsi que le bain ainsi que la douche après chaque utilisation évitera l'accumulation de la saleté et rendra la tâche plus facile.

Les taches d'eau disparaissent bien avec du vinaigre tiède que vous vaporisez et que vous laissez reposer pendant 30 minutes. Frottez ensuite et rincez bien. Pour les taches de savon et la saleté, un récurant en crème est très efficace. Nettoyez les miroirs et le chrome avec du vinaigre tiède ou un nettoyant à vitres. Pour les tuiles, le mélange eau chaude et vinaigre ou eau chaude et javellisant fait très bien l'affaire (125 ml de vinaigre ou de javellisant pour 4 litres d'eau chaude). Quelques bouchons d'eau de Javel dans les toilettes aura un effet nettoyant et désinfectant. Laissez agir un peu et brossez avant de rincer abondamment.

Les accessoires de la salle de bains peuvent être lavés à l'eau chaude dans l'évier. Le verre ou le porte-brosse à dents peuvent être lavés au lave-vaisselle. Faites tremper les brosses à dents dans un mélange moitié eau chaude, moitié vinaigre pendant 15 ou 30 minutes pour les nettoyer. Rincez-les bien avant de les utiliser.

Bac propreté époussetage des vitres et des miroirs

- Savon à linge liquide;
- Ammoniaque;
- Huile de citron ou huile minérale;
- Vinaigre;
- Nettoyant à vitres;
- Papier journal, chiffons, essuie-tout.

Pour polir les meubles de bois ou les surfaces brillantes, un mélange maison peut remplacer efficacement les produits du commerce. Dans 1 litre d'eau tiède, mélangez 15 ml de savon à linge liquide, 15 ml d'ammoniaque et 15 ml d'huile minérale ou d'huile de citron. Humectez votre linge de ce liquide, tordez-le le plus possible et époussetez.

Pour les vitres et les miroirs, du vinaigre vaporisé que vous essuyez avec du papier journal chiffonné peut très bien remplacer les produits du commerce. Ne nettoyez pas les vitres en plein soleil pour éviter les rayures.

Le repassage

Le repassage n'est pas la tâche que l'on préfère le plus dans une demeure; pourtant, peu d'entre nous peuvent y échapper. Mais le repassage peut être vu de façon positive. Profitez du temps que vous passez à effectuer cette tâche pour réfléchir, pour rêvasser, pour méditer. Ou vous pouvez, comme moi, installer la planche à repasser devant la télé et écouter vos émissions préférées. Pensez aussi à vos vêtements propres, lisses, suspendus dans votre penderie et, surtout, pensez à tous les matins où vous gagnerez un temps précieux pour vous habiller parce que tout ce qui se trouvera dans votre penderie sera prêt à porter.

Il importe que votre penderie «respire». En effet, il est bien décevant de repasser et de devoir tasser les vêtements dans la penderie et les laisser se froisser.

Recette de liquide pour amidonner

Faites bouillir 250 ml de riz dans 1 litre d'eau pendant 5 minutes. Filtrez l'eau et mettez-la dans un contenant vaporisateur. Aspergez vos vêtements de ce liquide pour les amidonner. Il est très utile pour les cols de chemises, les ourlets, etc.

L'eau de rose ou de lavande peut parfumer vos vêtements lorsque vous repassez et donner une odeur apaisante à votre tâche.

Est-ce que vous faites du rangement et du ménage régulièrement?

Oui. Pour pouvoir vraiment relaxer, j'ai besoin que chaque chose soit à sa place.

Flora, 48 ans, propriétaire d'une maison

J'essaie, mais habituellement, je le fais une fois par semaine.

Marc, 30 ans, locataire d'un 6½

J'essaie, mais c'est souvent ma tendre moitié qui passe le balai et fait ma vaisselle. Quand je rentre à la maison après une longue journée, la dernière chose que j'ai envie de faire c'est bien du ménage, alors, je le fais surtout la fin de semaine.

Agathe, 33 ans, locataire d'un 5½

De ce temps-ci, oui, parce que je suis sans emploi. Lorsque j'ai un emploi régulier, c'est à peu près une fois par mois.

Élizabeth, 44 ans, locataire d'un 6½

Du rangement régulièrement, du ménage une fois par semaine au moins, exceptionnellement il nous arrive de sauter une semaine. J'aime avoir un appartement propre. Surtout la salle de bains. C'est la pièce que je nettoie au moins deux fois par semaine en surface et une fois par semaine à fond. C'est tellement plus agréable de vivre dans un endroit rangé et propre, pour nous mais aussi pour la visite.

Marie, 24 ans, locataire d'un 4½

Oui, régulièrement, parce que j'ai tendance à laisser traîner des choses et parce que ça me donne une excuse de ne pas faire mes devoirs!

Roxanne, 22 ans, locataire d'un 8½

J'aimerais tellement vous dire oui. Mais je suis un compulsif, alors quand je me mets à ranger, c'est terrible. Sinon, on sent bien l'ambiance des vacances!

Hugues, 30 ans, locataire d'un 4½

Du rangement, oui et non. Des fois, mais pas trop. Pour le ménage et l'entretien, une à deux fois par semaine. J'aime que mon bordel soit propre!

Zippy, 33 ans, locataire d'un 3½

Assez souvent, mais comme je travaille à la maison, j'ai tendance à me laisser aller quand je suis débordée. Attention, quand je décide que je nettoie à fond, c'est propre longtemps!

Sophia, 31 ans, locataire d'un 4½

Le grand ménage du printemps ou de l'automne

Ce grand ménage est à effectuer au moins une fois par année, mais deux fois par année facilite l'entretien quotidien. Lorsque vous décidez de trier, d'éliminer et de ranger votre demeure, c'est le temps idéal pour faire également un grand ménage. Vous trouverez ci-dessous la liste de tâches (assez complète!) à accomplir pour réussir un grand ménage. Vous pouvez l'adapter à vos besoins et à votre demeure. Aussi, ne tentez pas de tout faire en deux jours; étaler le grand ménage sur quelques semaines vous rendra la tâche plus facile et vous donnera toutes les chances de passer au travers sans avoir l'envie d'abandonner.

- Nettoyez votre aspirateur et changez le sac, sortez tous les produits et outils dont vous aurez besoin.

- Passez un linge humide sur les moulures (en haut et en bas des murs), le haut des portes, les tringles, les murs.

- Lavez les rideaux, les toiles et les stores.

- Nettoyez les fenêtres et les portes.

- Nettoyez les luminaires, les lustres et les lampes.

- Triez les vêtements dans les penderies (hiver, été). Faites nettoyer les manteaux avant de les ranger, lavez les bottes, les chaussures et les vêtements avant de les ranger.

- Passez l'aspirateur sur les matelas, les sommiers, et retournez-les.

- Faites prendre l'air aux oreillers, aux coussins, aux duvets et aux matelassés; lavez les couvre-matelas, les couvre-oreillers, les housses des coussins des divans et des fauteuils.

- Nettoyez le four, le réfrigérateur, le micro-ondes, le grille-pain, la cafetière et autres appareils électriques;

- Nettoyez les meubles, les bibelots et les miroirs.

- Passez un linge dans les armoires, les placards et les penderies.

- Époussetez tous les meubles de la maison à fond, particulièrement les appareils électroniques qui ramassent une quantité énorme de poussière.

- Nettoyez les tapis, les planchers, les carpettes et les paillassons (intérieur et extérieur).

- Changez les piles des détecteurs de fumée, du système d'alarme, des lampes de poche, des radios et des horloges. Vérifiez les extincteurs. Remplacez le filtre des humidificateurs, des échangeurs d'air.

Une fois la maison bien nettoyée, vous serez certes fatigué mais encore plus satisfait de la tâche accomplie. Vous ressentirez un grand bien-être à vivre dans votre maison propre et ordonnée. Le soulagement éprouvé et le sentiment de liberté vous donneront un regain d'énergie énorme et vous permettront de profiter à 100 % de votre environnement.

Quelle est votre pièce préférée? Pourquoi?

Le salon. Il est décoré comme j'aime. C'est intime et il y a tout ce qu'il me faut: un divan, un foyer, une télévision.

Flora, 48 ans, propriétaire d'une maison

Le salon, parce que je peux dormir devant la télé.

Marc, 30 ans, locataire d'un 6½

J'aime bien ma chambre, elle est grande, bien éclairée et j'aime bien mon salon aussi. Mes meubles y sont confortables.

Agathe, 33 ans, locataire d'un 5½

Cette semaine, c'est la salle de bains parce que c'est celle-là que je suis en train de peindre.

Élizabeth, 44 ans, locataire d'un 6½

Ma chambre. Elle est exotique et invitante. C'est l'invitation au voyage avec le tapis de jonc, les rayures sur le mur, les coussins orientaux, le couvre-lit bleu royal et les meubles en bois ancien. Je me sens au chaud et à l'abri de tout dans cette pièce.

Marie, 24 ans, locataire d'un 4½

Ma chambre, parce que j'y suis comme chez moi dans cette petite pièce!

Roxanne, 22 ans, locataire d'un 8½

En ce moment, c'est la salle de bains car j'ai une passion pour les bains à l'eucalyptus, mais des fois, c'est la cuisine ou le salon. Cela dépend de mes humeurs et de la saison.

Hugues, 30 ans, locataire d'un 4½

Ma chambre, j'y suis très confortable. J'adore y rester des heures à lire, à relaxer, etc.

Zippy, 33 ans, locataire d'un 3½

Mon salon, en raison de la télévision.

Sophia, 31 ans, locataire d'un 4½

Quelle pièce de votre demeure souhaiteriez-vous transformer, et pourquoi?

La cuisine, afin qu'elle soit plus fonctionnelle.

Flora, 48 ans, propriétaire d'une maison

Aucune! Elles sont toutes très bien!

Marc, 30 ans, locataire d'un 6½

Ma cuisine, je ne la trouve pas fonctionnelle et je n'aime pas mes armoires en faux bois cheap. *Et je n'ai même pas de place pour y mettre mon lave-vaisselle.*

Agathe, 33 ans, locataire d'un 5½

La salle de bains, parce que c'était la dernière pièce blanche de la maison. Quand j'ai loué mon appartement, les pièces étaient blanc pâle et blanc foncé!

Élizabeth, 44 ans, locataire d'un 6½

La cuisine. Elle est de bonne grandeur, mais je la voudrais plus grande avec plus d'espace de rangement et de surface pour cuisiner. Une cuisine ne peut jamais être trop grande. J'aime les grandes cuisines avec du bois franc où l'on peut installer une table au milieu pour discuter et manger entre amis.

Marie, 24 ans, locataire d'un 4½

La salle à manger, parce qu'elle est vide et inhabitée. Il y manque quelque chose, mais on ne sait pas trop quoi.

Roxanne, 22 ans, locataire d'un 8½

La pièce centrale, salon et salle à manger, pour la rendre plus dynamique, plus jeune. J'aimerais que cette pièce me ressemble plus et qu'on y soit bien.

Hugues, 30 ans, locataire d'un 4½

La salle de bains. Elle est très petite et j'aimerais pouvoir m'y prélasser davantage. Ensuite, ma chambre. Même si c'est ma pièce préférée, elle a un mur en courbe qui bloque l'espace et que j'enlèverais bien.

Zippy, 33 ans, locataire d'un 3½

Mon entrée, elle est affreuse! Je compte la peindre d'ici quelques semaines, je n'en peux plus!

Sophia, 31 ans, locataire d'un 4½

L'entrée de la maison

L'entrée de votre maison reflète votre personnalité. Cette aire doit être chaleureuse, invitante, puisque c'est cet endroit qui influence votre humeur lorsque vous rentrez à la maison après une journée stressante et épuisante. Plus cette image sera accueillante et chaleureuse, mieux vous vous sentirez et plus vite vous laisserez les tracas de la journée derrière vous.

L'entrée doit être libérée de toutes choses inutiles, car elle influe directement sur le niveau d'énergie de la maison avant même que vous y ayez mis les pieds.

Faites une place pour ranger vos clés, parapluies, chapeaux, gants, etc. Disposez de suffisamment de crochets pour les manteaux et ayez un endroit qui ne bloque pas la circulation pour ranger chaussures et bottes.

Ne laissez pas votre bac à recyclage dans l'entrée de votre demeure. Placez-le plutôt au fond d'une armoire et sortez-le quand vient le temps de la collecte.

Entrer dans une maison, c'est comme rencontrer quelqu'un: c'est ce qu'on voit en premier qui nous donne le goût ou non d'aller plus loin.

Les couloirs

Les couloirs sont les passages qui vous mènent d'une pièce à une autre; il est donc essentiel que la circulation s'y fasse librement. Garder les couloirs dégagés favorise une bonne circulation d'énergie et permet aux habitants de la demeure de mieux respirer et de mieux se sentir.

Dégagez les couloirs des meubles ou des objets encombrants. Optez plutôt pour des étagères hautes. Vous ne devriez pas avoir à contourner des obstacles lorsque vous circulez dans votre demeure. Inconsciemment ou non, ceux-ci sont agaçants et minent petit à petit votre énergie.

Le couloir est une aire de circulation, vous y passez peu de temps, il ne doit donc pas être encombré d'objets utilitaires mais plutôt décoratifs. Servez-vous-en pour accrocher des cadres contenant des photos que vous aimez et qui vous rappellent de bons souvenirs ou des images que vous aimez. Optez pour des couleurs claires, vives et un bon éclairage, vous ne vous en porterez que mieux.

La cuisine

La cuisine est un endroit dans lequel on passe beaucoup de temps, et ce, tous les jours. En plus d'être pratique, cette pièce doit avoir belle allure. Pour cela, elle doit être bien rangée. Comme notre cuisine n'a pas toujours l'espace de rangement suffisant, quelques améliorations peuvent y être apportées. Ces petits trucs s'adaptent à toutes les cuisines, grandes ou petites, et sont transportables, idéals donc quand on est locataire.

Une tige aimantée fixée au mur permet de suspendre les couteaux et les ustensiles de métal. Les chaudrons peuvent également être suspendus à une grille murale ou à un support accroché au plafond. Les rangements muraux pour le coin menuiserie peuvent facilement s'adapter à la cuisine.

Très pratique, un chariot dont le dessus est une planche à découper permet d'avoir un peu plus de rangement et d'élargir notre surface de travail puisqu'on peut le déplacer.

On ne garde sur le comptoir que les appareils électriques qui servent tous les jours. On range les outils, les produits et les accessoires le plus près possible de l'endroit où l'on s'en sert le plus souvent.

Les corbeilles à glisser sous les comptoirs ou en haut des armoires, une petite étagère pour le micro-ondes, la cafetière et les livres de recettes, les crochets et les étagères suspendus à l'intérieur des portes d'un placard ou du garde-manger, des plateaux tournants pour les armoires, les étagères et le réfrigérateur, etc., sont autant d'outils pratiques et peu coûteux qui peuvent faire toute la différence.

Soyez imaginatif dans la cuisine. N'hésitez pas à y mettre couleur et fantaisie; le temps que vous y passerez sera d'autant plus agréable. Encore une fois, aménagez votre cuisine selon vos besoins et ce que vous y faites, c'est chez vous après tout.

Le salon

Le salon est un endroit qui a plusieurs utilités. Pièce réservée à la détente, elle est, la plupart du temps, celle où l'on écoute la télévision et devient assez souvent une salle de jeux, de musique, de réception, voire un bureau. On y met toutes sortes de choses, des livres, des souvenirs, des photos, des collections, des magazines, etc. Comme le salon a tant de fonctions, il est important que son espace soit maximisé et qu'on attribue à chaque chose un rangement spécifique.

Lorsque vous rangez votre salon, essayez avant tout d'être le plus logique possible. Après, vous pourrez penser à la décoration. Rien ne sert d'avoir un beau salon si vous êtes constamment à la recherche d'un objet quelconque ou si vous essayez d'éviter de casser quelque chose. Et il vaut mieux avoir trop d'espaces de rangement que d'en manquer; aussi, lorsque vous achetez un meuble de télévision, par exemple, prévoyez de l'espace pour tous les appareils que vous n'avez pas encore. Même si celui-ci n'est pas rempli, qu'il y a des étagères vides, ne vous en faites pas, elles seront disponibles pour les futurs appareils. Et puis, les vides dans une pièce font paraître l'endroit plus propre, plus aéré et plus apaisant.

Le salon est un endroit où l'on reçoit beaucoup, il doit donc vous ressembler le plus possible. Ajoutez-y quelques coussins, une étagère, des bougies pour donner une nouvelle vie. Et comme on y circule beaucoup, il est important de ranger les choses au lieu de les empiler. Les rangements fermés sont les plus appropriés; de plus, ils vous font gagner du temps en époussetage. Attention: ce n'est pas parce que c'est caché que cela ne doit pas être bien ordonné! Si vous avez besoin d'un casque de sécurité pour ouvrir une porte, il est temps de faire de l'ordre.

Qu'est-ce qu'il y a sous votre lit?

Rien.

Flora, 48 ans, propriétaire d'une maison

Le plancher. J'ai mis mon lit à terre parce que justement plein de vieux vêtements se ramassaient là!

Marc, 30 ans, locataire d'un 6½

Des boules de poils de mon chat et deux paires de chaussures d'été... Tiens! Il faudrait que je les range.

Agathe, 33 ans, locataire d'un 5½

Longtemps, il y a eu une paire d'espadrilles roses. Maintenant, il n'y a rien, sauf un peu de poussière.

Élizabeth, 44 ans, locataire d'un 6½

Seulement une boîte vide de Gap, je la garde pour emballer le prochain cadeau que je vais offrir.

Marie, 24 ans, locataire d'un 4½

De la poussière et des petites chaussettes orphelines dont la sécheuse avait été accusée de l'enlèvement il y a un mois et demi!

Roxanne, 22 ans, locataire d'un 8½

Un tapis que je rêve de changer…

Hugues, 30 ans, locataire d'un 4½

Rien d'autre qu'un vieux mouchoir oublié.

Zippy, 33 ans, locataire d'un 3½

Rien du tout, sauf un chat des fois. J'aime que le dessous de mon lit soit dégagé. Je ne sais pas pourquoi, il me semble que je ne dormirais pas aussi bien s'il y avait plein de trucs sous mon lit.

Sophia, 31 ans, locataire d'un 4½

La chambre à coucher et le lit

Pour savoir si votre chambre à coucher a besoin d'être réaménagée, posez-vous les questions suivantes.

- Est-ce que vous devez déplacer des trucs ou être acrobate pour ouvrir un tiroir?

- Est-ce que vous avez de la difficulté à circuler autour du lit?

- Est-ce que vous utilisez votre chambre seulement pour dormir?

- Est-ce que votre table de chevet déborde?

- Est-ce qu'il vous arrive souvent de vous frapper l'orteil contre un meuble?

- Est-ce que le sol de votre chambre est jonché de magazines, de livres, de vêtements ou autres objets qui n'ont pas à être là?

- Est-ce que vous accédez difficilement à votre penderie?

Si vous avez répondu oui à une seule de ces questions, il est grand temps que vous passiez à l'action.

Premièrement, observez bien l'espace et notez où vous éprouvez des problèmes. Si la disposition des meubles doit être changée, voyez votre chambre comme un casse-tête et mentalement, à l'aide d'un ruban à mesurer, voyez les possibilités. Vous devriez arriver à trouver l'image qui vous convient le mieux.

D'ailleurs, avant d'acheter de nouveaux meubles, faites cet exercice. Il y a fort à parier que vous devrez vous départir d'un meuble ou deux plus que vous en ajouterez.

Votre chambre à coucher doit être reposante, apaisante. Vous devez être capable d'y dormir confortablement, de vous y reposer, d'y relaxer, d'y méditer, d'y lire, de vous maquiller, de vous habiller, d'y déjeuner, etc.

Comme le lit est ce qu'il y a de plus important dans une chambre à coucher, profitez du réaménagement de la pièce pour changer la literie (le coton ou les fibres naturelles favorisent le sommeil), ajoutez une tête de lit, de nouveaux oreillers, un jeté, etc. Votre lit est primordial pour votre bien-être et plus que tout autre meuble dans la maison, il doit être parfait pour vous. Vous offrir un lit douillet vous donnera une qualité de vie supplémentaire. Vous dormirez mieux, vous aurez plus d'énergie et vous serez en meilleure santé. Essayez de placer votre lit la tête au nord ou à l'est et évitez que la porte ou la fenêtre soit au pied ou à la tête du lit, sinon, vous laisseriez les mauvaises énergies venir troubler votre sommeil.

Pour ceux qui se battent avec leur conjoint pour les couvertures pendant la nuit, un petit truc: ayez chacun vos draps et couvertures et ne partagez que la couette. C'est un excellent compromis pour bien dormir à deux et rien ne vous empêche d'aller voir de temps en temps sous les couvertures de l'autre…

Chaque matin, faites votre lit dès que vous vous levez. Lorsque vous ne le faites pas, vous dites à votre subconscient que votre nuit n'est pas terminée et vous risquez d'être fatigué inutilement.

Ne rangez rien sous le lit, même si c'est bien tentant. Dormir sur des boîtes ou des vêtements est très mauvais pour l'énergie. Inconsciemment, vous aurez l'impression qu'il y a quelque chose qui cloche chaque fois que vous vous coucherez et vous n'aurez pas un sommeil aussi réparateur que si l'énergie pouvait circuler librement sous le lit.

Pouvez-vous décrire l'ordre ou le désordre qui règne dans votre bureau?

C'est toujours en désordre parce que l'espace est restreint, parce que de toute façon mon bureau est archi-laid, mal éclairé et poussiéreux. En plus, je dois le partager avec trois collègues de travail, alors au diable le ménage et l'ordre!

Flora, 48 ans, propriétaire d'une maison

C'est souvent le désordre parce que je suis toujours en train de faire le ménage dans mon bureau.

Marc, 30 ans, locataire d'un 6½

Mon bureau est assez couvert de papiers, de livres, de disques, je n'ai pas d'autre endroit où les mettre.

Agathe, 33 ans, locataire d'un 5½

J'ai toujours trop de papiers sur mon pupitre. Je les laisse en vue pour ne pas oublier de m'occuper de les payer, de téléphoner à quelqu'un, de me trouver un job. Il y a aussi une table en surplus avec mon fameux Mac et son imprimante. L'hiver, sur cette même table, un système d'air climatisé me fait rêver au soleil. Toujours sous cette table, je cache mon bac à recyclage.

Élizabeth, 44 ans, locataire d'un 6½

Je suppose que l'on parle de bureau où l'on travaille, disons une table avec un ordinateur? Il est relativement propre: quelques fichiers consultés régulièrement, des bouts de papier (numéros de téléphone à retranscrire et notes diverses), et probablement un peu de poussière. Comme c'est un endroit de travail, les fichiers sont laissés là pour consultation rapide et les bouts de papier à côté du téléphone.

Marie, 24 ans, locataire d'un 4½

Pas trop de désordre, ça va de ce côté-là. Je dois travailler dans un environnement propre, sinon je n'arrive pas à me concentrer et j'ai des rages de ménage.

Roxanne, 22 ans, locataire d'un 8½

Ça, j'avoue, mon bureau est vachement bordélique! J'en parle à mon psy et je vous reviens!

Hugues, 30 ans, locataire d'un 4½

C'est un désordre tout à fait contrôlé. J'arrive tout le temps à retrouver le document qu'il me faut.

Zippy, 33 ans, locataire d'un 3½

Mon bureau est en bordel quand je travaille dedans, notes, livres, etc. Mais dès que j'ai terminé une tâche, je range tout, et c'est de nouveau très propre. Je n'aime pas accumuler du désordre sur mon bureau, j'essaie de tout ranger au fur et à mesure.

Sophia, 31 ans, locataire d'un 4½

Le bureau

Si vous croyez que vous n'avez pas le temps de ranger votre bureau, votre espace de travail, dites-vous que cela vous fera gagner au moins le triple du temps dans vos tâches une fois le ménage fait.

Dans un bureau en désordre, on peut passer jusqu'à 45 minutes par jour à chercher. Dans cet espace, plus que dans tout autre espace de vie, chaque chose doit être à sa place. Une fois que tout est à l'ordre dans un bureau, le travail ne semble plus aussi ardu et volumineux, tout se fait plus librement et simplement.

Sur un bureau organisé, il n'y a que trois piles:

- ce qu'on doit faire tout de suite;
- ce qu'on doit conserver;
- ce qu'on doit jeter.

Triez tout ce qui se trouve sur votre bureau chaque jour. Organisez un système de classement qui répond à vos besoins et jetez immédiatement ce qui n'a pas à être conservé. Pour tout le reste, rangez-le correctement lorsque vous en avez terminé. Moins on accumule d'inutilités dans son espace de travail, mieux on travaille.

Profitez du temps où vous faites de l'ordre dans votre bureau pour en effectuer dans votre ordinateur: jetez les vieux documents, les vieux messages électroniques, et stockez ce qui doit être archivé sur des disquettes ou des disques compacts. Libérer de l'espace sur votre disque dur libérera de l'espace dans votre cerveau pour l'entrée de nouvelles données...

* * *

L'ordinateur

Nettoyer l'ordinateur est essentiel pour le bon fonctionnement de votre appareil et pour lui assurer une meilleure durée de vie. De plus, c'est tellement agréable de travailler avec des outils propres plutôt qu'avec des outils couverts de poussière.

Fermez votre ordinateur et attendez qu'il soit à la température de la pièce. Débranchez ensuite les fils électriques et les prises des différents périphériques.

Époussetez avec un linge humide (bien tordu) tout votre ordinateur, l'imprimante, le scanner, le télécopieur, etc. Faites attention de ne pas laisser s'accumuler d'humidité dans les fentes et dans les prises en repassant avec un linge sec. Passez l'aspirateur dans les grilles d'aération avant de terminer avec un linge humide, ou pour les très patients, avec des cotons-tiges trempés dans l'alcool ou l'eau chaude.

Pour le clavier, débranchez-le, tournez-le à l'envers et secouez-le. Passez ensuite l'aspirateur entre les touches avant de le nettoyer. Asséchez-le bien avec un linge sec avant de le rebrancher.

Vous pouvez aussi ouvrir votre ordinateur (boîtier) et y passer délicatement l'aspirateur pour enlever la poussière accumulée. Une fois votre ordinateur rebranché et allumé, ouvrez la porte du lecteur de cédérom et époussetez l'intérieur comme il faut, une étape particulièrement importante si vous éprouvez de la difficulté à lire les disques.

* * *

Les avantages de travailler sur un bureau dégagé sont l'augmentation de la productivité, de la créativité, de la satisfaction personnelle et professionnelle.

Ranger régulièrement l'espace de travail est une excellente habitude à acquérir. Sans jamais laisser le désordre s'accumuler, vous verrez votre énergie productive décupler et ça vous apportera des bienfaits psychologiques, physiques et intellectuels qui ne sont pas négligeables du tout!

Ranger votre bureau peut vous prendre quelques jours, mais c'est peu d'investissement pour ce que cela peut vous rapporter.

Un bureau fonctionnel est en ordre, il possède une surface de travail dégagée, les dossiers y sont bien classés et les papiers importants et les références sont accessibles.

Les livres doivent être bien rangés, ordonnés et classés dans une bibliothèque. Essayez de vous débarrasser des vieux livres que vous ne lisez plus ou, du moins, entreposez-les correctement.

Archivez dans des boîtes prévues à cet effet les dossiers que vous devez garder mais qui ne vous servent pas ou que très rarement. Identifiez clairement le contenu de toutes ces boîtes et placez-les dans votre placard d'archives.

Procurez-vous des boîtes propres, sur lesquelles vous apposerez des étiquettes, et disposez les boîtes de sorte que vous puissiez lire les étiquettes sans avoir à les déplacer. Ou alors, placez tous vos documents bien ordonnés dans un classeur.

De nombreux systèmes de rangement, spécialement conçus pour le bureau, existent sur le marché. Mais n'hésitez pas à être imaginatif et créatif, surtout si vous passez beaucoup de temps à votre bureau. Ne gardez sur le bureau que les papiers concernant les affaires courantes et rangez le reste.

Devant une lourde tâche de travail, comment procédez-vous? Quelle est votre méthode de travail?

Je commence toujours par ce que je déteste le plus pour finir par ce que j'aime.

Flora, 48 ans, propriétaire d'une maison

Je m'arrange pour ne pas à avoir de lourdes tâches!

Marc, 30 ans, locataire d'un 6½

J'y vais par étapes. Un éléphant ça se mange, mais une bouchée à la fois.

Agathe, 33 ans, locataire d'un 5½

Si possible, je divise cette lourde tâche en plusieurs petites et je commence par la moins intimidante, ce qui me sert de séance de réchauffement. Tôt ou tard, je parviens au but.

Élizabeth, 44 ans, locataire d'un 6½

Je repousse ce fardeau jusqu'au moment où je ne peux plus le repousser. Je travaille mieux et plus rapidement sous pression. Parfois, j'essaie de le faire petit à petit, mais c'est toujours plus long que lorsque je le fais à la dernière minute.

Marie, 24 ans, locataire d'un 4½

Je me fais un plan de travail, les priorités, les choses les plus urgentes et ce qui va me demander plus de temps. Je répartis ensuite le tout dans un ordre bien établi avec les détails de ce qui doit être fait dans chaque section. Je suis en gestion de projets, je n'ai pas le choix d'être organisée. Du moins, je l'espère, sinon je me suis trompée de domaine.

Roxanne, 22 ans, locataire d'un 8½

J'essaie d'y aller par étapes, mais j'ai tendance à tout vouloir faire en même temps. Mais j'arrive au but et à temps, c'est ce qui compte.

Hugues, 30 ans, locataire d'un 4½

Je révise l'information que j'ai et je laisse mijoter quelque temps. Je me réserve ensuite du temps pour la rédaction. Je laisse mijoter un peu et ensuite je corrige.

Zippy, 33 ans, locataire d'un 3½

Devant une lourde tâche de travail, je commence par ce qui me plaît le moins et je termine par ce que j'aime le plus. Quand j'ai quelque chose à écrire (parce que c'est ça mon travail!), je réfléchis longtemps avant de commencer à rédiger. Je lis, je fais ma recherche, je pense à comment je vais présenter cela. Quand mon idée est claire, je m'assois et je rédige. Ensuite, je corrige, je réécris, je corrige de nouveau, je finalise et voilà, c'est terminé.

Sophia, 31 ans, locataire d'un 4½

L'efficacité dans le travail

Les pense-bêtes trop nombreux nuisent à la concentration. Inscrivez à votre agenda ce que vous ne voulez pas oublier et gardez votre tableau d'affichage pour les affaires en cours seulement. Une fois la tâche terminée, jetez le pense-bête, rangez proprement tout ce qui concerne cette affaire dans vos archives et jetez ce qui est inutile.

Au lieu des autocollants et bouts de papier sur lesquels vous notez tout, servez-vous plutôt d'un cahier dans lequel vous pourrez tout enregistrer. Utilisez un surligneur pour les choses à faire, un crayon rouge pour les messages téléphoniques, etc. En notant tout au même endroit, vous n'oublierez rien. Et vous pourrez toujours retranscrire les trucs importants dans votre ordinateur ou votre agenda.

Une fois que vous aurez rempli votre cahier, jetez-le après vous être assuré d'avoir retranscrit tout ce qu'il y avait d'important.

Faites chaque jour la liste des choses que vous avez à faire et classez-les par priorité. Une fois chaque tâche terminée, rayez-la et passez à la suivante.

Que vous soyez PDG, travailleur autonome ou étudiant, la liste est un moyen efficace de passer au travers de votre journée sans que vous vous sentiez débordé ou dépassé.

Est-ce que vous êtes du genre à remettre au lendemain (procrastination) ou à faire tout ce que vous pouvez faire aujourd'hui?

Ça dépend comment je suis lunée. Des jours, je suis super active, et d'autres, je suis lézard.

Flora, 48 ans, propriétaire d'une maison

Je remets au lendemain, et si c'est possible, je le fais durant la nuit.

Marc, 30 ans, locataire d'un 6½

J'essaie autant que possible de faire le maximum dans une journée, je n'aime pas remettre au lendemain.

Agathe, 33 ans, locataire d'un 5½

Je remets au lendemain, à condition de ne pas angoisser parce que ce n'est pas accompli. Quand j'ai beaucoup de choses qui m'attendent, je me fais une liste sur laquelle je raye ce qui est complété. Même si tout n'est pas terminé, je me sens bien de voir les rayures.

Élizabeth, 44 ans, locataire d'un 6½

Remettre au lendemain, car je préfère ne rien faire sur le moment et ne le faire que la journée d'après.

Marie, 24 ans, locataire d'un 4½

Je suis une fille qui aime être en avance et faire bien les choses, mais dans le cas de certains travaux qui m'ennuient profondément, je deviens soudainement une experte en procrastination!

Roxanne, 22 ans, locataire d'un 8½

J'en parle à mon psy et je vous reviens!

Hugues, 30 ans, locataire d'un 4 ½

Je pratique la procrastination dès que je le peux, et je m'assume!

Zippy, 33 ans, locataire d'un 3 ½

Je ne remets jamais ce que je peux faire aujourd'hui; dans une journée, je fais tout ce que je peux faire, et si ce n'est pas possible, par manque de temps par exemple, je me lève plus tôt le lendemain pour terminer. Si je laisse des choses en plan, je ne suis pas bien.

Sophia, 31 ans, locataire d'un 4 ½

Faire aujourd'hui ce que l'on peut remettre demain

Lorsque vous laissez des choses en plan et que vous auriez pu terminer, votre subconscient se dit que vous n'êtes pas prêt pour la nouveauté et le changement et évitera de faire entrer dans votre vie ce que vous souhaitez. Ne pas terminer ce que vous commencez, ne pas faire ce que vous devez faire et ne pas faire ce que vous pouvez faire, c'est ralentir votre vie.

Ne laissez pas traîner les choses que vous pouvez régler aujourd'hui. Si vous remettez une chose plus d'une fois, il est temps de régler la situation et de s'attaquer au problème. Ce n'est pas parce que vous ignorez consciemment de faire quelque chose que ça va se faire miraculeusement. Personnellement, je préfère tout faire ce que je dois et peux faire dans la journée parce que je peux ensuite profiter du temps qu'il me reste sans angoisser ou culpabiliser. La procrastination, ce n'est pas la même chose que la paresse. Disons les choses comme elles doivent être dites: si vous remettez toujours au lendemain, vous n'êtes pas paresseux, vous refusez simplement d'avancer et de prendre vos responsabilités.

Pour certaines personnes qui ne terminent jamais ce qu'elles commencent, c'est la peur d'être jugées qui les guide. Tant que ce n'est pas terminé, personne ne peut rien dire, personne ne peut juger. Le seul remède pour se sortir du cercle de la procrastination, c'est de commencer par faire aujourd'hui ce que vous auriez dû faire hier ou avant-hier, et de ne pas vous arrêter tant que tout ne sera pas à jour.

Lorsque vous décidez de ranger votre intérieur, c'est le moment idéal pour mettre de l'ordre d'abord dans votre courrier et vos comptes à payer. C'est pénible, ennuyant, mais vous devez le faire tôt ou tard, alors pourquoi pas maintenant? Et ne cherchez pas de raison pour ne pas le faire! Lorsque ce sera terminé, vous vous féliciterez et vous vous demanderez pourquoi vous ne l'avez pas fait auparavant.

Réparez ou faites réparer tout ce qui ne fonctionne pas chez vous, ou alors, débarrassez-vous-en! Ce qui n'est pas réparé ou ce qu'on laisse à l'abandon est un poids de plus sur nos épaules et cela nous ralentit. Si on n'arrive pas à prendre soin de ses choses, comment peut-on croire que l'on peut prendre soin de soi correctement?

Plus que tout, ne fuyez pas vos obligations financières. Si vous avez des problèmes d'argent, prenez le téléphone et faites des arrangements avec vos créanciers. Prenez vos responsabilités; ce n'est pas parce que vous ignorez un problème qu'il va se régler. Ce n'est pas facile, mais trouver un moyen de régler une situation financière précaire l'amenuisera déjà. L'angoisse et les inquiétudes que ces problèmes vous causent se dissiperont au fur et à mesure que vous aurez pris vos responsabilités et des arrangements pour éliminer le problème éventuellement.

Prendre les choses en main, maintenant, c'est tout ce qu'il faut faire pour vivre pleinement. La vie va toujours de l'avant, essayez de ne pas laisser des choses inachevées derrière vous, sinon vous aurez toujours tendance à revenir sur vos pas pour réparer les dégâts et vous manquerez ce qu'il y a de meilleur: le présent.

Si on fouillait votre sac à main ou votre porte-monnaie, qu'est-ce qu'on y trouverait?

Dans mon sac à main, on trouve un porte-monnaie/porte-cartes, un chéquier, une pochette de maquillage, mes clés, quelques papiers, un crayon, c'est tout.

Flora, 48 ans, propriétaire d'une maison

Dans mon portefeuille, pas grand-chose à part les cartes, de l'argent et des photos de ceux que j'aime.

Marc, 30 ans, locataire d'un 6½

Surtout pas d'argent! Mais bien des reçus, des photos de ma famille, des comptes que j'ai payés dont une contravention, des pastilles, des mouchoirs et des aspirines.

Agathe, 33 ans, locataire d'un 5½

Des médailles de saints, des lunettes fumées, un car-
net d'adresses en morceaux, ma trousse de maquillage,
mes clefs, mon téléphone cellulaire. Dans mon porte-
monnaie, plein de cartes de crédit, de fidélité, de santé,
des identifications de toutes sortes pour ma voiture, mon
livret de banque, des timbres, des fois de l'argent et toujours beaucoup de monnaie.

Élizabeth, 44 ans, locataire d'un 6½

Dans mon porte-monnaie, il y a des reçus de banque,
de l'argent, des cartes et dans mon sac, un livre, mon car-
net d'adresses, du baume à lèvres et mes clefs.

Marie, 24 ans, locataire d'un 4½

De l'argent, des rouges à lèvres, mon cellulaire, mon
agenda, des photos, des crayons, des cigarettes et des
grains de tabac dans le fond. Des feuilles, des factures, des
petites culottes (on ne sait jamais où on dort), une clémen-
tine et une cuillère d'un yogourt mangé il y a quelques jours.

Roxanne, 22 ans, locataire d'un 8½

Des factures et un peu d'espoir. Sans blague, j'adore
faire le ménage de mon portefeuille en écoutant la télé,
donc il est top nickel. Et je traîne toujours une photo de
Brad Pitt pour montrer sa coupe à mon coiffeur.

Hugues, 30 ans, locataire d'un 4½

Dans mon porte-monnaie il y a un peu d'argent, des
cartes, des permis de conduire, des certificats d'assurance
et d'immatriculation, une carte d'accès, des numéros de
téléphone, etc. Dans mon sac à main, c'est l'équivalent
de l'essentiel de la maison en miniature. Plusieurs rouges

à lèvres, des aspirines, de la gomme, des mouchoirs, mon cellulaire, des lunettes de soleil, etc. Il y a de tout!

Zippy, 33 ans, locataire d'un 3½

Mon sac à main est pas loin d'être une valise… On y trouve des mouchoirs, du maquillage, des vêtements par-fois, mon porte-monnaie, des fruits, une bouteille d'eau, un livre, un ou deux magazines, des crayons, un cahier, deux trousseaux de clés, des médailles de saints, des pièces chinoises porte-bonheur, des aiguilles et du fil à coudre, des aspirines, des coupons rabais, etc.

Sophia, 31 ans, locataire d'un 3½

Le sac à main et le porte-monnaie

Les sacs à main peuvent vite devenir des fourre-tout aux dimensions plus que généreuses. Je connais des femmes qui pourraient survivre une semaine en pleine forêt avec le seul contenu de leur sac à main.

Chaque semaine, faites le ménage de votre sac à main ou de votre porte-monnaie et gardez-y seulement ce dont vous avez besoin. Si vous faites un ménage consciencieux, vous verrez qu'environ 50 % de son contenu peut être laissé à la maison. Vous n'avez certainement pas besoin de huit rouges à lèvres, de quatre calepins de notes, de huit stylos, de deux couleurs de fond de teint ou de sept cartes de crédit. Laissez-en un peu à la maison, et si vous vous faites voler ou que vous perdez votre sac, votre vie ne s'arrêtera pas.

Est-ce que l'intérieur de votre voiture est encombré?

Oui. J'ai assez de faire le ménage dans la maison, et sur mon corps sans que je me tape celui de ma voiture.

Flora, 48 ans, propriétaire d'une maison

Non, je n'ai pas d'auto, ça aide.

Marc, 30 ans, locataire d'un 6½

Autant que possible non, j'aime bien avoir une voiture propre à l'intérieur. Comme mon père disait: «La propreté d'une voiture reflète la personnalité de son propriétaire et son attention aux choses qui lui sont chères.»

Agathe, 33 ans, locataire d'un 5½

J'ai deux pneus dans la valise, mais à part ça, c'est pas pire. J'ai toujours quelques disques dans le coffre à gants. J'accumule les reçus de stationnement et quand j'en ai un bon paquet, je les mets au recyclage.

Élizabeth, 44 ans, locataire d'un 6½

Pas ma voiture car je n'en ai pas mais celle de mon copain, oui. Surtout le coffre qui contient bâtons de hockey, mes patins à glace, des bidons de lave-vitre, un sac avec de vieilles affaires, etc. Je crois qu'il en est ainsi car c'est une vieille voiture et nous sommes moins portés à y faire attention.

Marie, 24 ans, locataire d'un 4½

Oui, il y a plusieurs choses qui ne devraient pas être là, c'est certain, parce que le temps me manque pour faire le ménage complet, et que c'est tellement toujours à recommencer. Mais de façon générale, ce n'est pas le bordel total.

Roxanne, 22 ans, locataire d'un 8½

J'essaie de garder l'intérieur de ma voiture le plus propre possible. Encore une fois, quand j'étais jeune, c'était tout le contraire. Quand je me suis débarrassé de ma première voiture, en faisant le ménage, j'ai retrouvé mon diplôme de cégep, le testament de mon père et une bouteille de boisson gazeuse «le Nouveau Coke».

Hugues, 30 ans, locataire d'un 4½

Oui, c'est le bordel dans ma voiture. Je ne me donne pas la peine de tout ramasser au fur et à mesure. Je fais du ménage de temps en temps, sans plus.

Zippy, 33 ans, locataire d'un 3½

Non, ma voiture est propre tout le temps. Je ne peux pas supporter le bordel dans ma voiture.

Sophia, 31 ans, locataire d'un 4½

La voiture

Ne vous servez pas de votre voiture comme d'une poubelle ou d'un placard, c'est un moyen de locomotion qui fait partie intégrante de votre environnement. Comme votre demeure, votre auto reflète qui vous êtes.

Si vous aviez un petit accident ou une panne et qu'on devait remorquer votre voiture, combien de temps passeriez-vous à la vider?

Seriez-vous gêné si votre patron, votre mère, le Pape, votre vedette préférée ou votre nouvelle conquête devait y embarquer?

Videz votre voiture de tous les déchets et papiers qui s'y trouvent. Rangez les choses à leur place, passez l'aspirateur, aérez-la. Que vous possédiez une voiture de l'année ou un tacot, l'atmosphère y sera plus agréable et les bouchons de circulation auront moins d'emprise sur votre humeur puisque l'énergie de votre voiture sera libérée. De plus, votre sécurité se verra améliorée et vous risquez de faire meilleure impression sur vos passagers, quels qu'ils soient.

Prendre soin de ses choses

On doit toujours prendre soin de ses choses. Pourquoi? Parce qu'elles sont à vous, parce que vous vous en servez et parce que vous les avez payées. Ce n'est pas d'être matérialiste que de prendre soin des choses, c'est d'être respectueux de sa propre personne. Respecter ce qui vous appartient, c'est aussi vous respecter.

Entourez-vous d'objets que vous aimez et qui vous inspirent. Débarrassez-vous de ceux qui vous encombrent et vous gênent.

Les cadeaux laids que vous avez reçus et que vous gardez, défaites-vous-en! Vous faites plus de tort à vous que vous feriez de la peine à la personne qui vous a offert cet objet en le jetant. Donnez-vous la liberté de disposer de ce que vous recevez comme vous le voulez et accordez aux gens à qui vous offrez des cadeaux la même liberté.

Ce qui vous entoure doit s'accorder avec vous-même; si quelque chose vous dérange dans votre maison, il n'y a pas de raison valable pour que vous le tolériez plus longtemps. Et si vous ne pouvez pas vous en débarrasser, cachez-le ou camouflez-le par respect pour vous-même.

Les objets sont vivants parce qu'ils dégagent une énergie propre. Donnez aux objets de la maison des noms. Ça peut vous sembler idiot, mais depuis que j'ai donné un nom à mon ordinateur, j'y fais plus attention et me permets de l'engueuler comme il faut quand il ne fonctionne pas. Vous aurez avec les objets que vous baptisez une nouvelle relation et vous les verrez différemment. Cela vous donnera le goût de mieux les entretenir et d'en prendre soin.

Vous n'êtes pas obligé de le faire avec tous les objets de la maison, mais commencez par baptiser les choses que vous avez tendance à négliger et votre attitude envers elles devrait changer.

Ce n'est pas une méthode prouvée scientifiquement, mais lorsqu'on s'y prête de bonne foi, ça donne de bons résultats. Et c'est particulièrement efficace avec les brise-fer…

Est-ce que vous prenez soin de vos choses? Pourquoi?

Raisonnablement. Les choses sont faites pour qu'on s'en serve. Je ne laisserai pas un bel ensemble de vaisselle en haut de l'armoire juste parce qu'il ne faut pas l'abîmer. Je m'en sers, mais je fais attention.

Flora, 48 ans, propriétaire d'une maison

J'essaie, mais les choses ne prennent pas soin de moi, j'ai une relation de haine-amour avec les objets.

Marc, 30 ans, locataire d'un 6½

Oui, j'ai même fait raser mon chat pour sauver ma causeuse et mon tapis. Je veux conserver mes choses en bon état le plus longtemps possible.

Agathe, 33 ans, locataire d'un 5½

Je prends soin de mon imprimante et de mon ordinateur parce qu'ils ne me laissent pas le choix. Ordinairement, c'est le même principe pour ma voiture, mes plantes.

Élizabeth, 44 ans, locataire d'un 6½

Oui. Je ne suis pas une grande dépensière, alors ce que j'achète, j'y tiens. C'est un objet ou un vêtement qui me tient à cœur, que j'ai payé cher ou non, mais qui me comble, alors je veux en prendre soin. Je m'attache à mes choses.

Marie, 24 ans, locataire d'un 4½

De plus en plus, je pense que ça vient avec les années. Mon père me disait toujours que j'étais brise-fer. Aujourd'hui, je fais attention, je pense que j'ai appris la valeur des choses parce que ça coûte cher d'être brise-fer quand on n'a plus quatre ans!

Roxanne, 22 ans, locataire d'un 8½

Les choses que j'aime oui, mais je ne suis pas longtemps fidèle. Hélas!

Hugues, 30 ans, locataire d'un 4½

Absolument! C'est dans ma nature, et je fais attention aux choses des autres aussi.

Zippy, 33 ans, locataire d'un 3½

Oui, surtout les choses qui sont neuves. Mais je fais attention à tout ce que j'ai et je fais toujours réparer ce qui ne marche pas.

Sophia, 31 ans, locataire d'un 4½

Est-ce que vous gardez des objets laids ou que vous détestez, simplement parce que vous les avez reçus en cadeau?

Non.

Flora, 48 ans, propriétaire d'une maison

Non, quand c'est laid, je les jette ou je les donne à quelqu'un d'autre.

Marc, 30 ans, locataire d'un 6½

Oui, j'ai encore la chaise berçante de ma pièce de théâtre qui traîne dans mon bureau. Et des meubles que mes parents m'ont donnés. Il faudrait que je les donne un jour à l'Armée du salut.

Agathe, 33 ans, locataire d'un 5½

Oui! Je me trouve un peu «nounoune», mais c'est plus fort que moi.

Élizabeth, 44 ans, locataire d'un 6½

Ça dépend qui me les a offerts et quelle valeur sentimentale ils ont. De peur de faire de la peine aux gens qui me sont chers, je vais garder ces objets, ne serait-ce que par respect envers cette personne et pour la pensée qui accompagnait le geste.

Marie, 24 ans, locataire d'un 4½

Oui, toujours, mais ils sont bien cachés. Et je dois avouer que c'est assez rare qu'ils soient très laids.

Roxanne, 22 ans, locataire d'un 8½

Non. Ne venez pas voir mes ordures, vous pourriez être vexé d'y retrouver vos cadeaux.

Hugues, 30 ans, locataire d'un 4½

Oui, mais je les camoufle et je les place dans un endroit très concept afin de les dénaturer et les rendre plus acceptables. Toutefois, je dois avouer que j'ai déjà rapporté un cadeau au magasin, non sans culpabilité.

Zippy, 33 ans, locataire d'un 3½

Oui, je garde la plupart des cadeaux que je reçois parce que les gens qui m'en offrent ont du goût! Mais si j'aime moins un cadeau, dès que je ne me souviens plus très bien qui me l'a offert et quand je l'ai reçu, je le jette sans remords.

Sophia, 31 ans, locataire d'un 4½

Est-ce que vous donnez un nom à certains objets dans votre demeure?

Non.

Flora, 48 ans, propriétaire d'une maison

Non, je suis une personne équilibrée, je ne parle pas aux objets!

Marc, 30 ans, locataire d'un 6½

Mon chat a un nom, mes toutous aussi, j'en ai encore. Il y a mon aspirateur que je nomme affectueusement «grosse Bertha» parce que j'aime me faire croire que j'ai une femme de ménage.

Agathe, 33 ans, locataire d'un 5½

Je suis attachée à certains objets, mais pas à ce point.

Élizabeth, 44 ans, locataire d'un 6½

Aucunement.

Marie, 24 ans, locataire d'un 4½

Ma voiture s'appelle Noiraud parce qu'elle est noire, mais je ne le fais pas de façon systématique.

Roxanne, 22 ans, locataire d'un 8½

J'ai tendance à baptiser les objets qui ne fonctionnent pas. Ma chaîne stéréo a plusieurs noms en ce moment, car elle ne joue plus qu'un disque sur deux. Ma colocataire et moi avons baptisé la laveuse et la sécheuse qui sont neuves: Étienne et Mélanie, et si jamais on se sépare, on veut la garde partagée. On les aime tellement.

Hugues, 30 ans, locataire d'un 4½

J'ai déjà baptisé une ancienne voiture, mais je ne me rappelle plus du nom! À part mon aspirateur jaune que j'appelle Bugsy, il n'y a rien d'autre qui est baptisé pour l'instant.

Zippy, 33 ans, locataire d'un 3½

Mon ordinateur s'appelle Jean, et quand il ne fonctionne pas, je peux l'engueuler plus personnellement. Ma télé s'appelle «ma tante» et mon divan s'appelle «mon mari» parce que je passe beaucoup de temps avec lui. Mon micro-ondes s'appelle Sam, mon frigo Jim et mon four Bob. Ma laveuse et ma sécheuse s'appellent Betty et Veronica. Je ne sais pas pourquoi je leur ai donné des

*noms, je pense que ça me fait rire. Et comme j'habite
seule, ça me fait des amis à qui parler...*

Sophia, 31 ans, locataire d'un 4½

Quel type de demeure rêvez-vous d'habiter? Pourquoi?

*La maison que j'habite présentement fait mon bonheur.
Mais dans quelques années, je ne voudrai probablement
plus entretenir un terrain, 11 pièces et un garage. Je ven-
drai tout et m'achèterai un condo.*

Flora, 48 ans, propriétaire d'une maison

*Une maison à la campagne. Pourquoi? Pour être loin
du monde. Ce n'est pas que je n'aime pas le monde, mais
en ville, il y en a trop!*

Marc, 30 ans, locataire d'un 6½

*La maison de mes rêves, en fait j'en ai deux. Un très
grand loft en ville pour la semaine, avec un plancher de
bois, et une maison de campagne en bois rond avec un
grand terrain sur le bord de l'eau. Ah! Ça fait du bien de
rêver.*

Agathe, 33 ans, locataire d'un 5½

*Une maison au bord de l'eau ou avec une piscine.
J'adore nager et j'ai passé la plus grande partie de mon
enfance dans l'eau.*

Élizabeth, 44 ans, locataire d'un 6½

Une maison avec de grandes fenêtres, des planchers en bois franc, un grand jardin. Une maison ancienne avec des cadres de porte en bois. Une maison avec du charme, avec de l'histoire, comme ces superbes maisons dans les vieux quartiers de riches, je les trouve mystérieuses et chaleureuses. Je voudrais une maison pour éventuellement élever une famille, pour faire des petites réparations et pour jardiner. J'aimerais qu'elle soit pleine d'histoire et que je puisse créer la mienne dans celle-ci. Je ne serais pas contre d'acheter la maison de mes rêves et la garder comme pied-à-terre pour les années à venir pour mes enfants et mes petits-enfants. Un lieu vers lequel il ferait bon revenir.

Marie, 24 ans, locataire d'un 4½

J'aimerais avoir un loft à aire ouverte à plusieurs étages avec une très belle vue sur la ville. Il y aurait des boiseries et une terrasse, ou un balcon sur lequel je pourrais sortir. Ma chambre serait cependant fermée et elle serait à l'écart du reste. Le blanc œuf serait la couleur principale avec le jaune crème. Rien de métallique, je trouve que ça donne une ambiance froide et impersonnelle. J'aime l'espace et les intérieurs vastes avec des plafonds hauts! Ça me donne de la place et de l'air!

Roxanne, 22 ans, locataire d'un 8½

Un condo en ville, spacieux et bien aménagé, qui me ressemble, avec un mélange raffiné de moderne et d'ancien, style usine. Avec une cuisine bien pensée, une douche géniale, une penderie démesurée, une terrasse pour les soirées entre amis et les cafés du matin. Pour ma maison familiale, en campagne, aussi une maison dans le sud de la France, et un condo à New York. J'ai déjà les photos!

Hugues, 30 ans, locataire d'un 4½

Un loft en hauteur, avec mezzanine, faisant tout le tour de l'endroit. Chambre et salle de bains camouflées par des cloisons, salle de bains tout en céramique, sauna, serre, terrasse sur le toit avec arbres et bassin d'eau. Cour intérieure, des amis comme voisins, vue imprenable.

Zippy, 33 ans, locataire d'un 3½

Une immense maison de campagne sur le bord de l'eau avec un terrain grandiose et des voisins inexistants. Un intérieur à la Martha Stewart avec une touche de design italien. Beaucoup de rangements, de céramique, de marbre, une petite piscine intérieure, un gym, un sauna, etc. Un grand jardin, un potager, une piscine extérieure, un jacuzzi, une serre, une pergola, etc. Si je vous la décrivais dans le détail, j'en aurais pour au moins 25 pages!

Sophia, 31 ans, locataire d'un 4½

Améliorer son environnement

Si vous décidez de décorer une pièce ou de l'embellir, choisissez un style qui vous plaît et qui correspond aux éléments du décor que vous possédez déjà et que vous voulez garder. Pour trouver le style qui vous convient le mieux, demandez-vous ce qui vous fait vibrer, ce qui vous touche, ce qui vous donne de l'énergie.

L'eau, le bois, la fourrure, la terre, les fleurs, le ciel, un coussin que vous aimez, un canapé, un fauteuil, un vase, du tissu, un rideau, une couleur de peinture, un objet d'art, bref, tout ce qui est susceptible de vous inspirer est un excellent point de départ lorsque vous décorez une pièce ou lorsque vous décidez d'y ajouter des éléments de décoration.

Ensuite, pensez à la fonction principale de la pièce et aux activités qui s'y déroulent. Les meubles sont à changer ou à déplacer? Faites un plan de la pièce à l'échelle et voyez comment vos meubles peuvent s'y intégrer. Cette méthode vous évitera quelques maux de dos et des égratignures sur le plancher, et vous permettra de bien visualiser toutes les options possibles pour l'aménagement de la pièce. N'oubliez pas de tenir compte des portes, des placards, des fenêtres, des prises de courant et des éléments de chauffage.

Les magazines et les émissions de décoration, les catalogues, etc., sont d'excellentes sources d'inspiration et regorgent de trucs simples, peu coûteux et faciles à effectuer pour réaliser un décor de rêve. Demandez conseil à la famille, aux amis, et laissez-vous aller.

Si vous ne voulez pas changer complètement de décor mais que vous désirez quand même transformer ou améliorer en partie une pièce ou toute la maison, voici quelques idées toutes simples qui pourront faire la différence.

• Recouvrez les vieux canapés, les fauteuils et les sofas. Ajoutez des coussins colorés, un jeté, un pouf, etc.

• Faites nettoyer les tapis et cirer les planchers; ajoutez une carpette, etc.

• Repeignez ou lavez les murs, posez du papier peint, etc.

• Changez les meubles de place, enlevez-en ou ajoutez-en, retapez un meuble, ajoutez une antiquité, etc.

- Ajoutez des lampes, des bougies, changez les plafonniers, les luminaires, offrez-vous un lustre pour la salle à manger, etc.

- Installez des cadres, des affiches ou des photos sur les murs.

- Cachez les fils électriques pour rendre plus propres les dessous de bureau et les derrières de meubles.

- Décorez toute votre maison avec ce que vous avez déjà. En changeant des objets de place, en sortant vos vieilleries du grenier, vous donnerez une nouvelle vie et une nouvelle fonction à un tas d'objets qui ne vous inspiraient plus.

- Offrez-vous un objet d'art, c'est certes plus coûteux, mais un beau tableau ou une sculpture font des miracles dans une pièce.

- Etc.

Allez faire un tour dans les magasins à 1 $, on peut y faire de belles trouvailles à faible coût. Optez pour des objets blancs, noirs, en métal, en bois, des classiques que vous pourrez transporter d'un endroit à un autre et qui ne risquent pas d'être *out* dans un mois. Les magasins à grande surface, les quincailleries et les brocanteurs regorgent de petits trésors. Avec de l'imagination, on peut faire beaucoup avec peu de moyens.

Est-ce que vous changez souvent les meubles de place chez vous?

Oui. Ça coûte moins cher que de déménager et j'ai, l'instant de quelques semaines, l'impression de renouveau.

Flora, 48 ans, propriétaire d'une maison

Oui, parce que ça fait changement pour pas cher!

Marc, 30 ans, locataire d'un 6½

Non pas vraiment, sauf quand j'ai de la visite, il faut que je pousse la causeuse pour que tout le monde puisse s'asseoir autour de la table. Et quand je reçois, je cache mes objets qui me sont chers.

Agathe, 33 ans, locataire d'un 5½

Oui, jusqu'à ce que j'aie trouvé la bonne place. Ou pour que le tout soit feng shui ou en raison d'une rage de ménage.

Élizabeth, 44 ans, locataire d'un 6½

Non, quand je suis bien dans l'environnement dans lequel je vis, je ne sens pas la nécessité de changer les choses autour de moi. J'aime ce dans quoi je vis.

Marie, 24 ans, locataire d'un 4½

Plus maintenant, Dieu merci! Parce que, plus jeune, j'avais cette mauvaise manie, selon mes parents bien sûr, de déménager mes meubles de place au moins une fois par jour. J'avais même descendu mon lit double dans le sous-sol à l'âge de huit ans. Mon père était furieux, il a mis du tapis dans ma chambre, et la prochaine étape était de clouer les meubles au sol. Aujourd'hui, je ne déménage plus rien. Dommage, je me faisais des muscles avec cette activité-là!

Roxanne, 22 ans, locataire d'un 8½

Oui, pour les partys!

Hugues, 30 ans, locataire d'un 4½

Pendant des années, voire des décennies, j'ai changé les meubles de place toutes les deux semaines, peu importe leur poids. J'ai toujours eu cette habitude, sauf que dans mon appartement présentement, c'est quasi impossible de le faire étant donné le manque d'espace pour disposer les meubles comme je le veux. Mais je suis bien dans cet appartement.

Zippy, 33 ans, locataire d'un 3½

Dans mon ancien appartement, c'était très fréquent que je changeais les meubles de place. Dans l'endroit où j'habite aujourd'hui, chaque meuble a trouvé sa place assez rapidement. Il y a seulement dans le bureau où je cherche encore l'aménagement parfait, mais à force de tout déplacer chaque mois, je vais finir par trouver.

Sophia, 31 ans, locataire d'un 4½

Que faites-vous lorsque vous voulez changer le décor de votre demeure?

Je change les accessoires. Dans ma chambre, ça fait cinq ans que les murs sont de la même couleur, mais ça fait quatre couettes que je m'achète.

Flora, 48 ans, propriétaire d'une maison

Peinture, ménage et repositionnement des meubles!

Marc, 30 ans, locataire d'un 6½

Je vais changer la couleur de mes murs, acheter de nouveaux cadres, ou acheter des bougies et faire une virée chez Ikea.

Agathe, 33 ans, locataire d'un 5½

Je consulte des magazines de décoration et regarde des émissions comme Trading Spaces, While You Were Out. *Habituellement, je peins les murs avec une nouvelle couleur en m'inspirant d'un tissu, d'un objet précieux ou d'un échantillon de peinture. Je visite les quincailleries et les centres de rénovation, je ramasse les échantillons, je les colle sur le mur que je veux changer, j'élimine les échantillons un à un pour finalement me retrouver avec la future couleur. Souvent, je trouve des objets intéressants comme des coussins ou des petits bibelots qui ajoutent une petite touche de nouveau sans trop me ruiner. Lorsque j'aurai plus de sous, je m'orienterai vers les meubles.*

Élizabeth, 44 ans, locataire d'un 6½

Pour un grand changement, je vais aller vers la peinture, et pour les petits changements, je vais y aller avec des cadres, un meuble peut-être, des bibelots, un tapis. Ce qui m'inspire, c'est la chaleur qui se dégage d'un endroit, une sensation de bien-être et de confort. J'aime les objets et les décors à saveur exotique.

Marie, 24 ans, locataire d'un 4½

J'aime les détails, donc ce sont de petites choses que j'aime acheter pour refaire mon décor. Et comme je n'ai pas tellement le temps de me lancer dans les grands travaux, je fais une petite chose à la fois qui fait que je me sens de plus en plus chez moi. J'ai honte, mais Ikea m'inspire beaucoup et me donne des rages de décoration!

Roxanne, 22 ans, locataire d'un 8½

Je suis compulsif, alors je change tout, d'un coup. Évidemment, ça me prend un dimanche à 3 heures de l'après-midi. Le nombre de fois que j'ai passé mon dimanche après-midi chez Ikea et mon dimanche soir à monter des meubles en gueulant...

Hugues, 30 ans, locataire d'un 4½

Je change les accessoires, j'ajoute une touche par-ci, par là. Je déplace ou j'ajoute une plante ou des fleurs artificielles. Je suis satisfaite de la couleur des murs et de ma décoration. Donc, je ne ressens pas le besoin de faire des changements radicaux.

Zippy, 33 ans, locataire d'un 3½

Je sors les pinceaux et les rouleaux et je peins! J'adore peindre, et ça change un décor pour pas cher. Je suis toujours en train de trouver des solutions pour améliorer mon décor, j'adore ça. Je m'inspire du décor de la maison de mes rêves et j'essaie de le reproduire à petite échelle dans mon 4½! J'achète des petits meubles, des coussins, des rideaux et je jette ce qui ne me plaît plus.

Sophia, 31 ans, locataire d'un 4½

De la nature à l'intérieur

Entourez votre télé, votre ordinateur et tout autre appareil électrique qui fonctionnent de longues heures de plantes vertes ou de fleurs (naturelles ou artificielles, mais pas séchées) pour contrer les champs magnétiques qu'ils dégagent. En plus d'être beau et pratique, c'est très feng shui.

Les plantes sont comme les meubles, elles accumulent la poussière. Lorsqu'elles sont poussiéreuses, elles ne sont plus aussi efficaces pour purifier l'air de la maison. Vaporisez les feuilles des plantes, le dessus comme le dessous, avec de l'eau et asséchez ensuite avec un chiffon sec pour les débarrasser de l'humidité et de la poussière. Pour les plantes avec des feuilles plus petites ou des fleurs, époussetez-les délicatement avec un linge sec ou un plumeau. Vous pouvez aussi mettre vos plantes sous la douche et les asperger d'eau légèrement plus froide que tiède. Laissez-les égoutter quelques heures avant de les assécher avec un linge; en été, sortez-les dehors pour les laisser sécher au soleil.

Si vous n'avez pas le pouce vert, commencez avec une plante résistante; un fleuriste ou un ami expérimenté pourra vous conseiller. Commencez par une ou deux plantes et voyez comment ça se passe. Avec de la terre, de l'eau et de la lumière, vous pouvez y arriver.

Et si vous hésitez toujours, optez pour des plantes artificielles. Aujourd'hui, les imitations sont remarquables et il est difficile de faire la différence. Même si les plantes artificielles n'ont pas besoin d'être arrosées, elles ont quand même besoin d'être époussetées…

Il y a aussi les branches d'arbre ou les tiges de bambou. Dans un grand vase de verre rempli de sable, elles font très zen et ajoutent un peu de nature dans un décor.

Les reproductions de fleurs, d'arbres et de plantes en peinture ou en photo ont aussi pour effet d'apporter un peu de verdure dans un décor.

La nature dans une maison est très bénéfique pour les habitants; d'ailleurs, on attribue des vertus de chance à une maison qui contient beaucoup de plantes. N'hésitez pas à en disposer partout.

Avez-vous des plantes vertes à la maison?

Je n'ai aucune plante verte. Je trouve ça encombrant, demandant et pas toujours charmant.

Flora, 48 ans, propriétaire d'une maison

Elles sont dans mon bureau et elles sont arrosées quand elles deviennent jaunes! Je suis très négligent avec elles!

Marc, 30 ans, locataire d'un 6½

Oui, j'ai quelques plantes vertes que j'ai reçues surtout en cadeau. J'en ai une dizaine qui se portent à merveille. Faut croire que de leur parler les garde en vie!

Agathe, 33 ans, locataire d'un 5½

Oui, j'en ai quelques-unes. Elles se portent mieux l'été, mais je choisis toujours des plantes robustes, difficiles à tuer. J'en ai six dans la petite pièce qui mène au balcon, deux dans ma chambre à coucher, deux dans le salon, sept dans la cuisine. Jadis, dans mon ancien appartement, j'en avais beaucoup plus.

Élizabeth, 44 ans, locataire d'un 6½

J'avais une plante verte à la maison et elle est morte cet hiver quand est arrivée la fin de session. Je n'ai vraiment pas le pouce vert, elle était toute jolie sur le rebord de ma fenêtre et pouf! Morte!

Roxanne, 22 ans, locataire d'un 8½

J'ai deux plantes. Elles poussent et j'en suis fier. J'en prends soin et je compte leurs nouvelles feuilles. Mais deux, c'est assez.

Hugues, 30 ans, locataire d'un 4½

J'en ai plusieurs, dans toutes les pièces de la maison, et j'ai un fabuleux laurier rose dans la cuisine.

Zippy, 33 ans, locataire d'un 3½

Je ne pensais pas avoir le pouce vert, mais une amie m'a donné quelques plantes et elles poussent magnifiquement! Je m'en achète d'autres de temps en temps et il y en a maintenant partout dans mon appartement. J'aime ça, je trouve que ça met de la vie!

Sophia, 31 ans, locataire d'un 4½

L'air de la maison

L'air de votre demeure doit être renouvelé le plus souvent possible. Les systèmes d'aération ou les échangeurs d'air sont efficaces, mais il n'y a rien comme ouvrir une fenêtre pour rafraîchir une pièce.

Faites aérer la maison tous les jours. Si la température est trop froide, entrouvrez la porte ou une fenêtre au moins quelques minutes. Si vous fumez ou vous servez de produits chimiques, de produits nettoyants, de solvants ou de peinture, c'est essentiel.

Il ne faut pas négliger la qualité de l'air de votre demeure, c'est aussi important pour une bonne circulation d'énergie que pour la propreté et l'apparence. En aérant la maison tous les jours, vous respirez mieux et avez plus d'énergie. Et n'hésitez jamais à mettre le nez dehors pour vous aérer vous aussi...

Quelle est votre odeur préférée?

J'aime beaucoup l'odeur du café. Le café pour moi est synonyme de détente. J'aime beaucoup aussi les parfums boisés. Je trouve que ça a du caractère.

Flora, 48 ans, propriétaire d'une maison

La cannelle, parce que ça goûte bon. La cerise parce que c'est l'odeur du baume pour les lèvres de ma blonde. J'ai déjà aimé l'odeur du spray net *(laque) parce que j'aimais une fille qui en portait...*

Marc, 30 ans, locataire d'un 6½

Tout ce qui rappelle l'odeur de la mer, de l'eau, je trouve ça apaisant, relaxant. J'aime bien aussi l'odeur de la bergamote, ça chasse la dépression.

Agathe, 33 ans, locataire d'un 5½

La lavande, parce qu'elle détend et le parfum Opium, qui me fait «sentir» sexy. La bonne bouffe, parce que j'ai toujours faim.

Élizabeth, 44 ans, locataire d'un 6½

Les odeurs de certaines épices comme la cannelle ou la vanille. C'est réconfortant, c'est rassurant. J'aime beaucoup aussi les odeurs associées au temps des fêtes: biscuits, canneberges, tourtières.

Marie, 24 ans, locataire d'un 4½

L'odeur du pain qui cuit parce que j'aime la baguette.

Roxanne, 22 ans, locataire d'un 8½

Le Hertel fraîcheur d'agrumes! Quand l'appartement brille et que je suis satisfait de mon ménage parce que ça sent bon, j'adore! Ou après la pluie, les brises d'été qui sentent le gazon mouillé.

Hugues, 30 ans, locataire d'un 4½

Tout ce qui me rappelle l'océan et ce qui est léger comme le vent. Mais surtout, j'aime l'odeur du parfum que je porte!

Zippy, 33 ans, locataire d'un 3½

J'aime l'odeur des parfums pour homme, l'odeur de la vanille, de la lavande, de l'eucalyptus (surtout quand j'ai le rhume!), d'un bon repas qui cuit, du pain chaud, des fruits et légumes, etc. Et j'aime l'odeur de mes chats, ils passent tellement de temps couchés dans mon lit qu'ils sentent l'assouplissant!

Sophia, 31 ans, locataire d'un 4½

Les odeurs

Les huiles essentielles ont un pouvoir assainissant; elles purifient l'air, éliminent les bactéries et les microbes qui causent les mauvaises odeurs. Leurs vertus sont nombreuses: elles favorisent la relaxation, donnent de l'énergie et contribuent à l'harmonie d'une pièce, à l'équilibre de ses habitants et mettent de l'atmosphère.

Mettez de l'eau dans un vaporisateur et ajoutez-y quelques branches de lavande ou quelques gouttes d'huile essentielle de lavande. Laissez reposer quelques minutes et vous voilà avec une eau de lavande à vaporiser sur les draps, les serviettes, la robe de chambre, etc. Cela fonctionne avec toutes les huiles essentielles, toutes les branches de plantes odorantes qui réagissent en dégageant leurs arômes dans l'eau et tous les pétales de fleur.

Pour les personnes souffrant d'allergies, faites la même chose mais avec des branches d'eucalyptus ou d'huile essentielle d'eucalyptus.

Aussi, déposez quelques gouttes d'huile essentielle sur l'ampoule d'une lampe éteinte et allumez-la. Après quelques minutes, l'odeur embaumera toute la pièce.

Vous pouvez faire chauffer de l'eau sur le feu avec quelques branches de vanille. Laissez mijoter à feu doux une ou deux heures et l'odeur se répandra dans toute la pièce. Vous pouvez utiliser cette méthode avec des feuilles de menthe, des feuilles de basilic, des clous de girofle, de l'anis, des bâtons de cannelle, etc.

Les odeurs ont des vertus bénéfiques pour votre corps. En voici quelques exemples:

- Basilic: combat la fatigue, la dépression et le mal de tête;
- Bergamote: désodorise;
- Camomille: détend;
- Cannelle: revitalise, donne de l'énergie et stimule;
- Citron: désinfecte;
- Citronnelle: chasse les moustiques et désinfecte;
- Eucalyptus: décongestionne et assainit l'air;
- Géranium: détend et apaise;
- Lavande: calme, désinfecte, apaise;
- Menthe: augmente la capacité de concentration;
- Muguet: augmente la capacité de concentration, calme;
- Rose: détend et favorise le sommeil;
- Ylang-ylang: favorise le sommeil, euphorise, a un pouvoir aphrodisiaque.

L'important avec les odeurs, c'est l'effet qu'elles ont sur vous. Si l'odeur de la lavande vous aide à vous concentrer, utilisez-la lorsque vous travaillez. Notez que les odeurs n'ont pas toutes les mêmes effets sur les individus. Expérimentez et trouvez les odeurs qui vous font sentir bien. N'oubliez pas qu'entrer dans une maison où ça sent bon, c'est y être déjà bien.

Avez-vous des rituels à la maison?

Mon chum me sert mon café tous les matins dans la salle à manger, là où je me maquille. Tous les soirs, mon chien vient dans mon lit pour recevoir son carré de chocolat.

Flora, 48 ans, propriétaire d'une maison

Attention, le thé et les biscuits dans le salon! Le déjeuner et le dîner dans la cuisine. Le souper dans le salon quand je suis seul, sinon, c'est dans la cuisine.

Marc, 30 ans, locataire d'un 6½

Chaque soir lorsque je rentre, j'allume mon ordinateur dans le bureau et je vais lire mes courriels, ensuite je fais mes travaux. Et j'aime bien m'asseoir dans le salon pour écouter un film.

Agathe, 33 ans, locataire d'un 5½

Je pratique le yoga et je médite dans ma chambre à coucher. Je brûle de l'encens dans le salon.

Élizabeth, 44 ans, locataire d'un 6½

Le rituel, c'est le vendredi soir: un bon repas assis confortablement dans le salon devant la télévision, une bouteille de vin et la lumière tamisée. Le vendredi soir, c'est sacré.

Marie, 24 ans, locataire d'un 4½

Dans toutes les pièces de la maison, peu importe ce que l'on fait, si la chanson de Frank Sinatra, Something Stupid, *joue, on doit absolument danser. C'est une règle qui doit être observée par les amis en visite, parfois un peu surpris, mais agréablement cela dit! Autrement, on lit le journal et écoute les nouvelles dans le salon, c'est le blitz d'informations pour trois filles qui sortent d'un bac en communication, question de ne pas perdre le fil des événements! Il y a aussi les fois où l'on rentre et qu'on a bu un peu, on se retrouve toujours assises par terre dans la cuisine pour manger et pour rigoler.*

Roxanne, 22 ans, locataire d'un 8½

Les bains. Le plus souvent possible.

Hugues, 30 ans, locataire d'un 4½

Systématiquement, je lis avant de me coucher pour décrocher. Le matin, je me lève dès que mon réveille-matin sonne et je prends le temps de me préparer un café très fort avant de déjeuner.

Zippy, 33 ans, locataire d'un 3½

Chaque semaine, je prends une journée pour ne rien faire, c'est sacré. Comme j'aime faire du ménage, je vois ça comme un rituel. Je médite tous les matins au moins de 10 à 15 minutes et chaque soir, je m'accorde au minimum 10 minutes de silence pour faire le vide… et le plein. En fait, je pense que ma vie entière est un rituel.

Sophia, 31 ans, locataire d'un 4½

Les rituels

Les rituels sont des gestes que l'on accomplit régulièrement, qui font partie intégrante de nos activités quotidiennes et qui nous apportent bien-être et sécurité. Tous ces gestes et toutes ces actions donnent bon goût à la routine.

Si vous vous levez toujours à la même heure, que vous déjeunez assis à la même place tous les matins, c'est un rituel.

Un rituel n'a pas besoin d'être compliqué ou spirituel, c'est seulement le sens et la signification que vous donnez à un geste qui en feront un rituel.

Il est essentiel que vous ayez au moins un rituel dans votre vie. En plus de contribuer à votre bien-être et à votre sentiment de sécurité, il s'agit d'un moment que vous vous accordez à vous et, en ce sens, il est quasi vital à une bonne qualité de vie.

La méditation, le yoga, l'exercice, la marche, le repas sont tous des rituels. Trouvez celui ou ceux qui s'intègrent bien à votre vie et qui vous font du bien.

Voici quelques exemples de petits rituels, pas très spirituels, mais très thérapeutiques.

Tea Time (à l'anglaise)

Ingrédients: du thé Earl Grey, des sablés, des petits desserts sucrés, des sandwichs beurre et concombre, quelques amis ou amies, des potins et un service à thé élégant.

En fin d'après-midi, idéal pour terminer la journée ou pour se faire un «fond» pour une grosse soirée.

En Angleterre, le thé est pris à 17 heures pile, et selon une amie qui habite là-bas, on passe du thé au scotch assez rapidement!

La lecture

Moment d'évasion, la lecture a le pouvoir de vous faire oublier tous vos petits tracas et tout ce qui se passe autour. Accordez-vous un moment de lecture, ne serait-ce que 15 minutes par jour. Lisez ce que vous voulez (magazines, journaux, romans, bandes dessinées, etc.). Allez à la bibliothèque, à la librairie; d'ailleurs, le fait de choisir ce que vous lirez est un rituel en soi. Optez pour un endroit confortable et laissez-vous emporter ailleurs. Un fauteuil de lecture dans le salon ou la chambre, un immense oreiller, une couverture chaude, des pantoufles et un éclairage adéquat contribueront efficacement à rendre vos moments de lecture précieux.

Le bain

Pour plusieurs, le bain est bien plus qu'un rituel, c'est un besoin essentiel. Les bougies, la musique, les huiles parfumées, la mousse, un bon livre et de l'eau chaude, voilà un remède efficace contre le stress, les maux de tête, les courbatures et le vague à l'âme. On devrait prendre un bain une ou deux fois par semaine pour être plus détendu et mieux dormir. N'hésitez pas à sortir les huiles ou les savons que vous avez reçus en cadeau et que vous gardez pour les grandes occasions. Chaque fois que vous prenez un bain, c'est une grande occasion parce que c'est pour vous que vous le faites; même un mardi soir, nous valons bien d'utiliser les produits des grandes occasions...

La soirée pyjama

En arrivant du travail, enfilez votre pyjama préféré, commandez-vous un repas, ouvrez une bouteille de vin et zappez! Ce rituel n'a absolument rien de spirituel, mais il est très thérapeutique pour oublier une journée ou une semaine de travail stressante. Seul ou avec quelqu'un, c'est un moment parfait pour se détendre, paresser, se laisser aller. Regardez vos émissions préférées, louez un bon film ou... ne faites rien! Accordez-vous un soir par semaine pour ce rituel et vous verrez, vous ne pourrez plus vous en passer.

Passez-vous beaucoup de temps chez vous?

Oui. J'ai besoin d'un environnement accueillant. J'aime recevoir des amis et je suis bien contente de ne pas avoir à partir après une soirée.

Flora, 48 ans, propriétaire d'une maison

Oui, parce que c'est la seule place où je peux porter ma robe de chambre avec ma tuque sans que personne rie de moi!

Marc, 30 ans, locataire d'un 6½

J'essaie, en dehors du travail et des études, de passer du temps chez moi, mais je n'y suis pas assez souvent à mon goût. Je visite souvent mes amies pour passer une soirée agréable. Étant donné que je reste assez loin de mon cercle d'amis, c'est souvent moi qui me déplace parce que j'ai une voiture.

Agathe, 33 ans, locataire d'un 5½

Oui, parce que je suis bien à la maison. Quand j'ai plus de sous, je sors un peu plus. Cependant, j'adore mon refuge, il est de plus en plus joli.

Élizabeth, 44 ans, locataire d'un 6½

Oui. Surtout l'automne et l'hiver. Je suis tellement bien chez moi, et c'est ce que je répète sans cesse au monde qui m'entoure. Je crois surtout que notre chez-nous reflète qui nous sommes, qu'il est rempli de grandes pièces. Aussi, avant de choisir les couleurs, j'avais en tête l'effet que je désirais obtenir avec celles-ci: accueillant, chaleureux et convivial. Et c'est exactement le sentiment que j'ai en entrant. Mon appartement, c'est plus qu'un appartement, c'est presque une petite maison.

Marie, 24 ans, locataire d'un 4½

Non, presque jamais. J'aime bouger et je ne reste que rarement sur place. J'ai un horaire chargé et une vie sociale remplie. J'aurais avantage à ralentir un peu!

Roxanne, 22 ans, locataire d'un 8½

Oui, mais de moins en moins. Je ne suis plus très cocooning, je suis de plus en plus actif. Mais j'adore recevoir à souper. C'est une de mes grandes passions! Mais quoi qu'on dise, il est toujours bon de rentrer chez soi. I'll be home for Christmas…

Hugues, 30 ans, locataire d'un 4½

Plus ou moins, selon les saisons. Je passe du temps à la maison plus souvent l'été, en raison de la terrasse.

Zippy, 33 ans, locataire d'un 3½

Comme je travaille à la maison, je suis toujours chez moi et j'aime beaucoup cela. Je ne suis pas une «sorteuse» et je préfère de loin rester chez moi. J'ai mes petites habitudes et j'aime bien être seule, pas tout le temps, mais la plupart du temps.

Sophia, 31 ans, locataire d'un 4½

Les occupations d'harmonie

Plus vous serez bien chez vous, plus vous aurez envie d'y passer du temps et d'y faire des activités pour améliorer votre environnement et pour favoriser votre bien-être.

Le tricot, la couture et la broderie font un retour en force. Bricoler, peindre, retaper un meuble sont autant d'activités que vous pouvez faire à la maison et qui vous valorisent. Servez-vous-en pour embellir et calmer à la fois votre environnement intérieur et extérieur.

Dessinez avec vos enfants, ou seul si vous n'en avez pas, suivez des cours de peinture, de poterie, de céramique ou de vitrail, etc., et pratiquez à la maison. Apprendre quelque

avec une vie heureuse

chose de nouveau, quelque chose que l'on peut faire de ses mains, c'est excellent pour la santé et l'équilibre mental de tout individu. Trouvez-vous un petit endroit chez vous pour vous amuser et lorsque vous vous sentirez stressé, débordé, ou lorsque vous en aurez simplement envie, vous pourrez aller vous y réfugier. Nous avons tous un potentiel créatif en chacun de nous. Laissez-le s'exprimer, vous pourriez être surpris de découvrir l'artiste qui sommeille en vous.

Les photos, les souvenirs et les collections

Les photos

Classer la pile de photos qui traînent au fond d'une boîte n'est pas une tâche que nous rêvons d'entreprendre, pourtant, comme il va falloir s'y attaquer un jour ou l'autre, pourquoi pas maintenant? En outre, cette étape est essentielle pour libérer votre espace et vous permettra de faire un petit bilan de vie.

Accumuler des choses qui nous rappellent le passé nuit à notre énergie. L'idée ici n'est pas de tout balancer aux ordures, mais de faire un tri consciencieux et de ne garder que ce qui nous importe vraiment.

Toutes les photos ne sont pas bonnes à garder. Ne conservez que celles qui vous rappellent de bons moments et jetez les autres: celles qui évoquent de mauvais souvenirs, les mal cadrées, les floues et les sombres. Donnez les doubles aux intéressés et jetez les autres aux ordures. Derrière les photos que vous conservez, inscrivez qui est sur la photo, l'événement, le lieu et la date, même approximative. Dans dix ou vingt ans, cela pourrait s'avérer fort utile, car la mémoire est une faculté qui oublie…

Pour les célibataires qui n'arrivent pas à trouver l'âme sœur, jetez les photos de vos *ex* pour signifier clairement à votre subconscient que vous êtes prêt pour une nouvelle relation.

Accrochez vos photos bien en vue au lieu de les cacher. Un mur (dans un corridor, par exemple) avec des cadres contenant les photos de gens qui vous sont chers est un élément décoratif particulièrement intéressant et vous réconfortera chaque fois que vous passerez devant.

Classez les photos que vous gardez par thème, par date, par personne ou par occasion, c'est comme vous le voulez. L'important, c'est de trouver un système de classement qui ne devienne pas synonyme de travaux forcés et de calculs impossibles. Plus votre système sera simple, plus il sera efficace et durable.

Voici quelques idées pour classer vos photos.

- **Les photos de voyage**

  Consacrez un album par voyage; il en existe de petits, servez-vous-en. Intégrez dans votre album la carte de l'hôtel où vous avez séjourné, le billet d'avion, inscrivez la date du début et de la fin du voyage sur la couverture, la destination et les gens qui vous accompagnaient. Vous pouvez aussi recouvrir l'album d'une carte géographique de l'endroit que vous avez visité.

- **Les photos d'occasions et de fêtes**

  Encore une fois, consacrez un album, ou la section d'un album, à un seul événement. Identifiez clairement, au début de chaque section ou sur l'album, quelle était la fête, où et à quel moment elle se passait et qui étaient présents.

- **Les photos de famille**

  L'idéal est de classer les photos par période ou par membre de la famille. Consacrez un album pour chaque période de votre vie et laissez des pages vides pour en ajouter éventuellement. Inscrivez qui est sur la photo, la date, l'occasion s'il y a lieu, etc.

  Personnellement, j'ai un album pour les animaux domestiques qui étaient ou qui sont dans ma vie, un album pour les *partys*, un pour les mariages auxquels j'ai assisté, un pour les enfants de mes amis, un pour ma famille, un pour mes neveux et nièces, un pour chaque voyage que j'ai fait, etc.

  Une fois ce grand classement fait, soyez discipliné: dès que vous avez de nouvelles photos, classez-les immédiatement et ne les laissez plus s'empiler.

Les souvenirs

Tous les souvenirs ne sont pas bons à garder, particulièrement si vous ne vous rappelez plus très bien l'événement ou la personne qui y est rattachée. Soyez sans merci lorsque vous vous attaquez à vos souvenirs, éliminez tous ceux que vous pouvez et ne gardez que ceux qui ont une réelle signification pour vous et auxquels vous êtes très attaché.

Procurez-vous des boîtes décoratives et dans chacune d'elles, mettez-y les souvenirs que vous avez décidé de conserver et classez-les par catégorie (une par boîte). Inscrivez sur la boîte ce qu'elle contient. Par exemple:

- Souvenirs d'enfance: dessins, jouets, vêtements, hochets, couvertures, etc.;

- Souvenirs d'école primaire: bulletins, dessins, travaux, photos, etc.;

- Souvenirs d'école secondaire: bulletins, travaux, projets, photos, vêtements, diplômes, album des finissants, etc.;

- Souvenirs du cégep et de l'université: bulletins, travaux, notes, photos, billets des événements, chandail d'une équipe sportive, diplômes, etc.;

- Souvenirs de voyages (inscrivez la destination et la date du voyage sur la boîte): coquillages, cartes postales, bijoux, album de photos de ce voyage, etc.;

- Souvenirs culturels: billets de spectacles, photos, autographes, menus, tout ce qui concerne les événements culturels auxquels vous avez assisté;

- Souvenirs intimes: lettres d'amour, cadeaux d'anciens amoureux, journaux intimes, etc.;

- Souvenirs de correspondance: lettres, cartes postales, etc.;

- Souvenirs de fêtes: cartes de fêtes et d'anniversaires. Dans la boîte, classez les cartes par année et par événement, attachez chacun des paquets de cartes avec un ruban et apposez une étiquette au ruban sur laquelle vous aurez noté la date et l'événement. Ou alignez-les comme dans une filière avec des cartons séparateurs sur lesquels vous inscrirez les informations appropriées;

- Souvenirs de famille: héritage, souvenirs des personnes décédées, objets qui se transmettent de génération en génération, etc.;

- Souvenirs de mariage: tout ce qui concerne votre mariage, album de photos, bout de tissu de la robe, voile, nœud papillon du marié, boutons de manchettes, etc.;

- Souvenirs d'amitié: tout ce qui concerne vos amis, les cadeaux donnés il y a longtemps, les photos de mariage, de bébés, les cartes reçues, etc.;

- Souvenirs d'enfant: une boîte pour chacun de vos enfants, ce qui est un bel héritage à leur léguer. Les premières pages des journaux de la date de naissance de l'enfant, son bracelet d'hôpital, sa robe de baptême, etc. Chaque année de la vie de l'enfant, ajoutez un objet dans la boîte ou une photo de l'objet, écrivez dans un cahier en quoi cet objet était important dans la vie de votre enfant à cette époque. Vous pouvez inscrire les événements importants de l'année, les gaffes ou les bons coups qu'il a faits, etc. Un cadeau à lui offrir le jour de sa majorité, lorsqu'il est entouré de ses amis de préférence...

Les collections

Il existe sûrement autant de types de collections qu'il existe de collectionneurs. Que votre collection ait de la valeur ou non, qu'elle soit utilitaire (de la vaisselle, par exemple) ou simplement décorative (des voitures de collection, par exemple), mettez-la en valeur. Un meuble conçu spécialement pour votre collection, des étagères, une armoire vitrée, l'important, c'est qu'on la voie. Si vous collectionnez des timbres ou de la monnaie par exemple, des albums conçus spécifiquement pour votre type de collection ou des boîtes décoratives disposées esthétiquement sur un meuble mettront l'objet de votre passion en valeur.

Vous n'avez pas hésité à investir dans votre collection, alors n'hésitez pas à investir dans un meuble ou dans des accessoires pour la ranger.

Plus votre collection sera bien rangée et disposée, plus elle aura de la valeur… du moins à vos yeux et aux yeux de vos invités.

Est-ce que la lumière est importante pour vous? Est-ce que vous croyez que l'éclairage des pièces de votre maison est adéquat?

Il y a place à l'amélioration.

Flora, 48 ans, propriétaire d'une maison

La lumière est très importante. D'ailleurs, ça m'a pris deux ans pour trouver la bonne pièce de mon appartement pour installer mon bureau, tout ça en raison de la lumière. Et on a cherché longtemps pour avoir un appartement avec des fenêtres dans chaque pièce.

Marc, 30 ans, locataire d'un 6½

Mon appartement est très bien éclairé par le soleil, j'ai au moins une fenêtre dans chaque pièce et je trouve ça très important, sinon je serais déprimée à longueur d'année.

Agathe, 33 ans, locataire d'un 5½

La lumière est importante, qu'elle soit artificielle ou non. Un bel éclairage influence beaucoup le sentiment de bien-être. J'ai enlevé un plafonnier que je trouvais affreux; je dois donc le remplacer. À part ça, mon éclairage est adé-quat pour la détente ou pour le travail de précision.

Élizabeth, 44 ans, locataire d'un 6½

C'est très important. Mon ancien appartement était très sombre, car il donnait sur une cour intérieure. Main-

tenant, je suis au dernier étage avec vue sur le canal Lachine au loin et le soleil éclaire l'appartement abondamment, été comme hiver. J'adorerais avoir de grandes fenêtres dans une maison plus tard.

Marie, 24 ans, locataire d'un 4½

Oui, la lumière est très importante, surtout celle du jour. Malheureusement, je ne crois pas que ma chambre soit assez éclairée, j'aimerais plus de soleil dans ma chambre. Le reste de l'appartement est bien éclairé, mais quand je travaille, j'aime avoir les rayons du soleil qui entrent dans ma chambre pour me donner de la vie et du cœur à l'ouvrage! Vivement le soleil!

Roxanne, 22 ans, locataire d'un 8½

Oui, j'aime la lumière, nous avons un côté de l'appartement rempli de fenêtres. Je ne pourrais plus habiter un logement sombre.

Hugues, 30 ans, locataire d'un 4½

La lumière naturelle est très importante. Mon appartement est fait sur le long et j'ai beaucoup de lumière dans ma cuisine mais pas dans ma chambre. J'aimerais en avoir plus, mais je m'y fais.

Zippy, 33 ans, locataire d'un 3½

Mon appartement est très bien éclairé, j'ai de la lumière naturelle dans toutes les pièces. Je ne pourrais plus vivre dans un appartement sombre. J'ai découvert aussi la joie d'avoir des lampes partout et de beaux plafonniers, ça améliore de beaucoup l'ambiance des pièces le soir.

Sophia, 31 ans, locataire d'un 4½

L'éclairage

La lumière dans une maison est presque tout aussi importante que l'air qui y circule. La lumière naturelle est de loin le meilleur éclairage pour votre demeure et joue un rôle important sur votre bien-être. D'ailleurs, votre humeur et votre vitalité dépendent en grande partie de la lumière à laquelle vous êtes exposé.

L'éclairage dans la maison doit vous simplifier la vie, pas vous la compliquer. La lumière artificielle peut servir à vous éclairer, bien sûr, mais peut également créer une ambiance, une atmosphère particulière, selon vos goûts et vos besoins.

Évitez les néons et optez pour des ampoules à incandescence ou une lampe halogène. La lumière blanche est la meilleure à adopter; c'est elle qui se rapproche le plus de la lumière naturelle; de haute intensité lorsque sa fonction est utilitaire ou de basse intensité lorsque c'est une lumière d'appoint. N'oubliez pas que les bougies éclairent aussi.

Les interrupteurs-variateurs sont d'excellents moyens de changer l'atmosphère d'une pièce à peu de frais. Aussi, les ampoules de couleur mettent de l'ambiance; bien qu'elles ne soient pas du tout pratiques, elles sont efficaces pour installer un air de fête ou ajouter un peu de romantisme dans une pièce.

Un nouveau plafonnier peut faire toute la différence dans une pièce. Tenez compte des activités que vous y pratiquez. Une bonne lampe à côté du fauteuil de lecture, par exemple, est un ajout significatif à la fois pour le côté pratique et pour l'allure de la pièce.

Les surfaces de travail doivent être très bien éclairées. Une règle à respecter: éclairez la surface de travail, pas ceux qui s'en servent!

Mettre de la lumière dans sa maison, c'est aussi mettre de la lumière dans sa vie. Amusez-vous et faites de la lumière!

Combien avez-vous de miroirs chez vous et quelle utilité chacun a-t-il?

Quatre miroirs. Ils sont placés dans des endroits stratégiques qui correspondent à mes allers et venues quotidiennes lorsque je me prépare à aller travailler. Un dans la salle de bains là où je me brosse les dents entre autres, un dans la salle à dîner là où je me maquille, un dans ma chambre pour voir ma tenue vestimentaire, et un dans le vestibule pour être sûre de ne pas partir avec les rouleaux sur la tête.

Flora, 48 ans, propriétaire d'une maison

Deux, un dans la salle de bains et l'autre dans la chambre: ils servent à me voir, à me peigner et, surtout, à faire des grimaces!

Marc, 30 ans, locataire d'un 6½

J'en ai cinq, deux unités de portes coulissantes en miroir pour cacher la laveuse et la sécheuse, un dans la salle de bains et un autre dans mon ancienne pièce de billard.

Agathe, 33 ans, locataire d'un 5½

*Dans ma chambre à coucher: un long où je m'exa-
mine tout juste avant de partir, l'autre au-dessus de ma
commode qui m'aide à choisir mes bijoux. Un dans la cuisine collé au mur qui venait avec l'appartement et qui ne
sert pas vraiment à grand-chose, à part me regarder laver
la vaisselle! Finalement, un sur la porte de la salle de
bains qui m'aide à mettre mes crèmes magiques pour le
visage parce que celui de la pharmacie est embué après
la douche. Quand il est clair, il m'aide à mettre mes verres
de contact.*

Élizabeth, 44 ans, locataire d'un 6½

*Trois miroirs: un petit dans la salle de bains pour me
maquiller, un deuxième dans la salle de bains qui fait partie de la pharmacie pour coiffer mes cheveux et un autre
pleine hauteur dans le placard, héritage de l'ancien locataire, qui ne sert à rien.*

Marie, 24 ans, locataire d'un 4½

*Il y en a un dans ma chambre pour me voir de haut
en bas, et l'autre est dans la salle de bains, pour le matin
quand je sors de la douche, me maquiller et me faire les
sourcils!*

Roxanne, 22 ans, locataire d'un 8½

*Quatre gros miroirs: deux dans la salle de bains qui
se font face pour bien coiffer le derrière de ma crinière et
m'assurer que c'est parfait sous tous les angles et un petit
dans la douche pour me raser, un gros miroir dans ma
chambre pour me voir tout nu pour me convaincre de
maigrir et enfin un grand miroir dans l'entrée pour un
dernier check-up final avant de prendre la route.*

Hugues, 30 ans, locataire d'un 4½

*Deux miroirs, un dans la salle de bains où je me ma-
quille et le deuxième dans mon mini* walk-in *pour voir
si je suis habillée avant d'aller travailler!*

Zippy, 33 ans, locataire d'un 3½

*J'en ai un dans la salle de bains qui sert à me regar-
der quand je me brosse les dents, un dans ma chambre
pour me maquiller et me coiffer, et un immense miroir
dans le salon (5 pieds sur 7 pieds), gracieuseté de l'ancien locataire, qui sert à me voir chaque fois que je passe
devant et qui donne aussi l'impression que mon salon est
immense!*

Sophia, 31 ans, locataire d'un 4½

Miroir, dis-moi
qui est la plus belle

Les Chinois disent qu'un miroir dans la chambre ne devrait
jamais refléter le lit afin qu'il ne capture pas l'âme des dor-
meurs. En fait, si vous voyez votre reflet dans un miroir
quand vous vous couchez, vous risquez de ne pas dormir
très bien. Les miroirs ont une drôle d'énergie, pas nécessai-
rement négative, mais qui ne favorise pas le sommeil. On

dit aussi de ne jamais disposer un miroir face à une porte ou à un escalier parce que cela porte malchance aux habitants de la demeure.

Les miroirs doivent être propres et ceux qui sont brisés doivent être vite remplacés pour votre bien-être et pour favoriser une bonne circulation d'énergie. Ne négligez pas de les nettoyer, il en va non seulement pour leur durée de vie, mais aussi pour éviter l'image moins positive que vous aurez de vous-même si vous vous regardez dans un miroir poussiéreux.

Qu'ils soient de fonction utilitaire ou décorative, les miroirs sont indispensables dans une maison. Dans une pièce étroite ou sans fenêtre, le miroir permet d'agrandir la pièce et de lui donner de la lumière. Pour obtenir le plein rendement de votre miroir à maquillage, éclairez votre visage, pas le miroir! La lumière doit être assez intense pour que vous puissiez vous voir comme il faut, mais pas trop pour ne pas vous retrouver avec des ombres trop prononcées.

Quelles couleurs retrouve-t-on dans votre maison?

Gris souris, prune, jaune «autocollant». Les accessoires sont à peu près dans les mêmes tons.

Flora, 48 ans, propriétaire d'une maison

Noir, blanc, bleu, bois.

Marc, 30 ans, locataire d'un 6½

Majoritairement, jaune crème, rouge et vert. Mes accessoires sont plutôt en acier inoxydable.

Agathe, 33 ans, locataire d'un 5½

*Le bureau est jaune et vert. La pièce qui mène au bal-
con est vert et jaune. Dans ma chambre à coucher, c'est
vert, mauve et crème. Literie jaune, accessoires mauves.
Commode et armoire en bois naturel. Le salon et le corridor sont vert, jaune et cantaloup. Les meubles sont
recouverts de jaune et de vert. Ma cuisine est rouge et est
garnie de plantes vertes. Ma salle de bains est rouge et
caramel. J'ai fait mon inventaire.*

Élizabeth, 44 ans, locataire d'un 6½

*Mes murs sont respectivement brocart (un jaune
beige) dans l'entrée, dune de sable (un gris-vert) dans le
salon, champagne (un beige à nuance jaune) et rayures
ocres sur un mur dans la chambre et bleu azur dans la
cuisine. Mes meubles sont en bois, console en tek, meubles
anciens, petit coffre et causeuses en coton. Les accessoires
sont des objets de différents pays (assiettes, tapis turc,
vases), des cadres, une nappe provençale, entre autres.*

Marie, 24 ans, locataire d'un 4½

*Le bleu et le jaune crème; les accessoires sont en bois
clair. Le salon, quant à lui, est jaune un peu plus soleil
et les meubles sont en bois et les accessoires et le divan
bleu marine.*

Roxanne, 22 ans, locataire d'un 8½

Bleu et beige… et à crédit.

Hugues, 30 ans, locataire d'un 4½

*Jaune pâle partout, des meubles bleus, des meubles en
bois clair et foncé et des accessoires argent.*

Zippy, 33 ans, locataire d'un 3½

J'ai beaucoup de bleu chez moi, de rose, de vert et de jaune. Mes meubles sont peints ou en bois et mes accessoires sont surtout en métal. Comme mon appartement est un work in progress, *ça peut changer à tout moment.*

Sophia, 31 ans, locataire d'un 4 ½

Les couleurs

Les couleurs ont des significations très précises selon les peuples, les pays, les cultures et les religions. Ce qui importe toutefois de retenir, c'est que la couleur choisie, pour une pièce par exemple, n'est parfaite que si elle nous convient à nous.

Il est important dans une maison d'utiliser plusieurs couleurs. Trop de pièces de la même couleur risquent de bloquer les énergies. On doit aussi tenir compte de l'activité qui y règne et du temps que les individus y passent. Les goûts pour les couleurs sont bien personnels, mais les effets qu'elles ont sur les individus et l'environnement sont bien réels. Pour chasser le stress, la mélancolie ou tout simplement pour changer d'air, faire entrer de la couleur dans sa vie est un moyen accessible, peu coûteux et drôlement efficace.

Chaque couleur a des vibrations qui influencent le comportement, l'état mental et la santé de chaque individu. L'énergie dégagée par chacune d'elles doit s'accorder avec l'éclairage de la pièce et sa fonction pour créer l'ambiance recherchée.

Les couleurs n'ont pas les mêmes effets sur tout le monde. Il revient donc à vous de choisir celles qui conviennent le mieux à vous et à votre environnement. Ne vous laissez pas influencer par un décorateur, un conseiller à la quincaillerie du coin ou la mode, c'est vous qui allez vivre avec cette couleur, personne d'autre. Si vous vous trompez, ce n'est pas grave, les couleurs, ça se change.

Peindre une pièce est certainement le moyen le moins coûteux pour changer complètement un décor. Laissez-vous aller, soyez audacieux et sortez des sentiers battus. Évitez les agencements de couleurs trop évidents, créez-en des fantaisistes, qui vous ressemblent. Même si vous n'habitez pas la maison de vos rêves, rien ne vous empêche de mettre les couleurs de vos rêves sur les murs.

L'important, c'est d'équilibrer les couleurs que vous choisissez: 30 % pour la couleur de fond, 20% pour une couleur d'accent, 20 % pour une autre couleur d'accent et 30 % pour les meubles.

Le style monochrome est très efficace pour obtenir une ambiance apaisante. Trois ou quatre teintes d'une même couleur suffisent pour créer une ambiance élégante et reposante, un style idéal pour la cuisine où plusieurs éléments peuvent être peints dans des teintes différentes.

Amusez-vous avec les textures! Aujourd'hui, les fabricants de peintures nous offrent toute une gamme de finis: satiné, velours, cachemire, lustré, mat... Bref, de tout pour tous les goûts et pour tous les décors. Lorsque vous choisissez une texture de peinture, pensez à l'éclairage de la pièce et à l'ambiance que vous voulez y créer.

«Rêve ta vie en couleur, c'est le secret du bonheur.»

Walt Disney

Quelle est votre couleur préférée? Pourquoi?

Prune. Parce que c'est sobre, riche, et que ça se marie bien avec toutes les autres couleurs.

Flora, 48 ans, propriétaire d'une maison

Le jaune, pourquoi? J'imagine que ça diffuse bien la lumière! Mais j'aime toutes les couleurs!

Marc, 30 ans, locataire d'un 6½

Le bleu, parce que je trouve cette couleur apaisante et qu'elle me rappelle de beaux souvenirs de vacances au bord de la mer. J'entends presque le bruit des vagues.

Agathe, 33 ans, locataire d'un 5½

Jaune. Il me rend plus joyeuse et j'ai l'impression de mieux respirer quand j'ai du jaune autour de moi.

Élizabeth, 44 ans, locataire d'un 6½

J'aime les couleurs chaudes, un beau jaune, des couleurs caramel, des couleurs invitantes et chaleureuses car elles me rappellent l'été, la passion, les douces journées sous un palmier.

Marie, 24 ans, locataire d'un 4½

Ma couleur préférée, j'aime bien le bleu-vert. Pas aqua ni turquoise, mais un beau bleu avec un peu de vert dedans, ça donne une belle ambiance. J'aime aussi le jaune crème, très crème. C'est tellement doux et apaisant.

Roxanne, 22 ans, locataire d'un 8½

Bleu et beige, la mer, le ciel, la plage, le repos, le Maine!

Hugues, 30 ans, locataire d'un 4½

Jaune, plus beurre que serin. C'est lumineux et réconfortant.

Zippy, 33 ans, locataire d'un 3½

J'aime beaucoup le bleu parce que je trouve ça naturel, c'est l'eau. Mais ma couleur préférée, c'est le rose. C'est très «fille» comme couleur, mais j'adore ça, surtout les roses foncés. Si on veut me faire plaisir, qu'on m'offre du rose, ou des roses roses!

Sophia, 31 ans, locataire d'un 4½

Affichez vos couleurs

Beige

Le beige est classique, sûr, mais il ne crée aucune ambiance. C'est toutefois une couleur de fond efficace et neutre. Il évoque la classe et l'élégance et a cette qualité de mettre en valeur les objets, les meubles et les autres couleurs d'une pièce.

Blanc/ivoire/crème

De nombreux murs blancs dans une demeure rendent l'atmosphère froide et peu invitante. Synonymes de pureté, le blanc, l'ivoire ou le crème soulignent les lignes droites d'un décor et donnent une touche de modernisme. Jumelé à des couleurs vives, le blanc fait ressortir les contrastes et donne du piquant. Il favorise la méditation, la contemplation et est un excellent antistress. À éviter dans les pièces comme la cuisine ou le salon; choisissez le blanc pour les pièces plus sombres ou une chambre à coucher.

Bleu

Le bleu est apaisant et invite au calme, au repos et à la méditation. Couleur idéale pour une chambre à coucher ou pour une pièce où l'on veut relaxer. On dit que le bleu a la capacité de stimuler le métabolisme, donc de favoriser la perte de poids.

Brun

Le brun évoque la richesse. Le velouté du brun, qui rappelle le chocolat, donne de la classe à un décor. Mais en trop grande quantité, l'énergie que le brun dégage devient lourde et étouffante. À éviter dans les chambres à coucher, mais couleur parfaite pour les planchers.

Gris

Couleur se rapprochant du métal, elle peut équilibrer une pièce où le métal est absent. Très classique, le gris favorise la relaxation, mais seul, il rend les pièces qu'il habite tristes et froides.

Jaune

Le jaune favorise l'apprentissage, la mémoire et stimule l'intellect. Couleur idéale dans une salle de travail ou un bureau, elle est à éviter dans une chambre à coucher. On dit que le jaune a le pouvoir de favoriser la digestion, il est donc favorable dans une cuisine ou une salle à manger. Très dynamique, le jaune met de la vie dans un décor, énergise et stimule ses habitants. En trop grande quantité par contre, il peut exciter inutilement, voire tomber sur les nerfs.

Lavande

Évoquant la détente, le calme, la couleur lavande est tout à fait appropriée pour une chambre à coucher ou pour la salle de bains. Douce et apaisante, on attribue à cette couleur la capacité d'aider les individus à se concentrer, à méditer et à prier.

Noir

Dans la maison, le noir ne doit être utilisé que pour les meubles et les accessoires. Sur les murs, le noir assombrit beaucoup trop une pièce. Toutefois, combiné au blanc, à l'argent, au violet, le noir sur un mur peut apporter une ambiance *glamour* à une pièce que l'on réserve pour recevoir, par exemple. À éviter dans la salle de bains et la chambre à coucher.

Orange

L'orange revigore, stimule et donne de l'énergie. Couleur parfaite pour un bureau ou une pièce où il y a beaucoup d'activité, elle stimule l'intellect et favorise l'extériorisation des émotions.

Rose

Couleur de l'amour, du romantisme, le rose est efficace dans les pièces intimes. Il adoucit un décor, apporte une touche féminine et arrondit les angles trop coupants.

Rouge

Pour les Chinois, le rouge est porteur de bonne fortune et de chance. Cette couleur favorise l'activité, la progression et l'évolution des individus. Synonyme de passion, de désir et de sexualité et couleur des amoureux, le rouge est toutefois trop stimulant pour la chambre à coucher. Il favorise la passion certes, mais son énergie a le pouvoir de troubler le sommeil. À éviter dans la cuisine ou la salle à manger en trop grande quantité, car il ralentit le métabolisme et ferait prendre du poids. Dans une maison, le rouge est favorable et crée de bonnes énergies dans la mesure où il n'est pas la couleur dominante et où il est combiné avec des couleurs moins stimulantes et excitantes.

Safran

Couleur éclatante et dorée, le safran est une bonne solution de rechange au rouge ou à l'orange. L'or qui y est contenu évoque richesse et sagesse. Cette couleur apporte aussi de l'élégance dans une maison. Le safran est également la couleur des costumes des moines bouddhistes.

Terra-cotta

Couleur de terre, la terra-cotta apporte de la chaleur dans une pièce. Particulièrement au sol, elle met de la vie dans un décor et se veut efficace dans la cuisine, la salle de bains ou les aires de circulation.

Vert

Du vert dans une pièce favorise la vitalité et l'énergie positive, tout en étant une couleur aux vertus de détente et de
relaxation. Il évoque le renouveau, le printemps et, sous
toutes ses formes dans la maison, fait entrer la nature à l'intérieur. C'est une couleur essentielle dans chaque maison.

Violet

Couleur stimulante et excitante, le violet favorise la vitalité
et la passion. À utiliser avec parcimonie parce qu'il est aussi
une couleur froide qui porte à la tristesse et à la mélancolie.

Conclusion

L'énergie qui se dégage de votre demeure est directement
absorbée par votre corps. Plus l'énergie de celle-ci est positive et circule librement, plus vous en ressentez les effets
bénéfiques.

Changer son environnement, libérer son espace n'est pas
un processus facile à débuter et à terminer. Cela peut prendre
des jours, des semaines, des mois avant que vous y arriviez,
mais il importe avant tout de persévérer et de penser au but
de la démarche: votre mieux-être et votre libération.

Se défaire d'objets qui ont toujours fait partie de votre vie peut être éprouvant, mais la gratification qui suit chacune des étapes suffira à vous consoler. Plus vous libérerez de l'espace dans votre demeure, plus vous en prendrez soin, mieux vous vous sentirez non seulement dans votre demeure, mais aussi avec vous-même.

Et si tout ne se règle pas par ce processus de grand débarras, vous aurez au moins l'environnement adéquat, toute l'énergie et tout le temps nécessaires pour trouver des solutions et aller de l'avant.

Rendre votre espace libre de toutes contraintes, c'est vous accorder la liberté et le bien-être que tous recherchent. C'est aussi vous respecter, vous apprécier et vous aimer. Choisir de prendre soin de ce qui vous entoure, c'est vous faire un cadeau à vous-même. Parce que vous avez de la valeur, vous en accordez aussi à votre espace.

Gardez votre environnement rangé, ordonné et propre. Votre environnement, c'est aussi votre vie, prenez-en soin!

Table des matières

Achevé d'imprimer au Canada
sur papier 30 % recyclé
sur les presses de Imprimerie Lebonfon Inc.

procédé   30 % post-   archives
sans   consommation   permanentes
chlore